让女孩远离性侵害

◎ 曾晓梅 著

内蒙古人民出版社

图书在版编目(CIP)数据

让女孩远离性侵害/曾晓梅著. －呼和浩特:内蒙古人民出版社,2015.1(2017.9 重印)

ISBN 978－7－204－13362－8

Ⅰ.①让… Ⅱ.①曾… Ⅲ.①性犯罪－预防犯罪－儿童教育 Ⅳ.①D924.34

中国版本图书馆 CIP 数据核字(2015)第 033050 号

让女孩远离性侵害

作　　者	曾晓梅
责任编辑	侯海燕
责任校对	杜慧婧
封面设计	那日苏
出版发行	内蒙古人民出版社
地　　址	呼和浩特市新城区中山东路 8 号波士名人国际 B 座
网　　址	http://www.impph.com
印　　刷	内蒙古爱信达教育印务有限责任公司
开　　本	710mm×1000mm　1/16
印　　张	14
字　　数	150 千
版　　次	2015 年 4 月第 1 版
印　　次	2017 年 9 月第 7 次印刷
印　　数	47679—49679 册
标准书号	ISBN 978－7－204－13362－8/C·307
定　　价	28.00 元

如出现印装质量问题,请与我社联系。

联系电话:(0471)3946120　3946169

前　言

近几年，有关女孩受到性侵害的事件屡屡发生，让我们为之震惊，例如海南万宁校长带着女生开房、安徽潜山校长12年性侵9名女童、河南教师性侵十余名女生、90后男猥亵男童后强奸2幼女、云南大关一官员将4岁女童抱至卧室强奸、江西62岁教师猥亵多名女童致6人患性病、德阳一幼儿园教师性侵4岁幼女……性侵女孩的恶性案件在全国各地呈持续高发状态。据中华社会救助基金会儿童安全基金女童保护项目发布的《2013～2014年儿童安全教育及相关性侵案件情况报告》统计，自2013年5月至2014年5月被媒体曝光的案件就高达192起。曝光率也从2013年全年的平均2.92天曝光一起，加速到平均1.90天就曝光一起。女孩性侵案件呈现出高频爆发、受害人群低龄化、乡村为案件重灾区、熟人做案高发等特征。这样的性侵女孩案件高发态势，引发社会各界的广泛关注和愤怒声讨，公众的不安全感快速上升，女孩防性侵保护面临困境和严峻挑战。

女孩遭受性侵害的严重后果是不言而喻的，遭受性侵害的女孩在相当长的时间里，会不同程度地表现出一系列心理症状，如恐惧、焦虑、抑郁、行为退缩、注意力不集中、药物滥用、自杀等，如果没有得到足够的帮助，成年以后多会在人际关系方面遇到困难，有人还会多次受害。如果儿童遭受性侵犯的创伤被忽视或没有适当处理，这些创伤不仅会在心中留下阴影，而且还会影响他们一辈子的生活，它不仅对儿童一生的生理和心理健康带来极大创伤和不良影响，同时也关乎到我们国家的未来。

性侵女孩事件是没有地域、人群划分的，在任何国家、任何地域、任何社会阶层中几乎都存在着女孩遭受性侵犯的事件。这已经成为世界各国和各地区共同面对的一个非常严重的社会问题。它不仅对孩子的身心发展造成了不可磨灭的巨大伤害，而且阻碍了人类社会未来的发展。统计研究表明，大多数被性侵的女孩根本没有接受过性教育，家长也不知道如何预防性侵害，孩子遭受性侵害后也不知道该怎么办。因此让家长和孩子们科学系统地了解如何预防、应对性侵害，越来越必要和紧迫。

本书从案例介绍和分析开始，我们看到，女孩性侵犯给孩子本身所带来的严重伤害，通过对什么是性侵害，它的内容与涵盖的范围，以及对性侵害者的手段、步骤的了解，我们看到学习如何预防女孩性侵害是非常必要和势在必行的。然后，我们了解如何对不同年龄阶段的孩子进行性教育，并以此为基础，详细、全面地介绍如何预防女孩性侵害的系统知识。之后，详细介绍对已经遭受了性侵害的人群如何应对以及如何用法律的武器保护自己。最后，阐述了男孩也会遭受到性侵害的问题。

由于对女孩和男孩的保护需要依赖成年人来实现，而我国对未成年人保护的法律和制度体系还不是十分完善，预防和处理男孩和女孩性侵事件极其复杂，往往涉及家庭、学校、社会综合保护和法律制度的方方面面。我认为所有人都有义务为孩子提供一些帮助，把快乐和幸福传递给他们，避免性侵害的不幸降临在他们身上。

我们相信，当我们共同认识到性侵害问题的严重性和紧迫感，并且从行动上开始脚踏实地地去学习和教导我们的孩子，同时全社会也建立起良好的舆论环境，采取教育和宣传等多种措施，不断完善法律和制度保护体系，对性侵害者绝不姑息，那么性侵害事件将会越来越少，我们的孩子将会生活在一个更加安全有序的社会中。

社会上有许多女孩和男孩正面临着遭遇性侵害的危险或已经处在遭受到性侵害的困境中，他们急需得到帮助！真心希望我们能用最温暖的双手为他们拔掉荆棘，用最真挚的情感为他们抚平伤痛，用最有效的工作为他们实现权利和梦想！

目录

第一章　我国及国外性侵害案例

第二章　什么是性侵害

第五章　用法律的武器保护自己

第六章　寻求律师的帮助

第七章　男孩也会遭到性侵害

附　录

第一章 我国及国外性侵害案例

2013 年我国媒体主要报道的女孩性侵案件

自 2013 年年初以来，全国女孩性侵案件屡见报道，这一件件恶性案件令我们震惊和痛心。下面让我们回顾一下这些案件。

1．海南校长带 6 女生开房

2013 年 5 月 8 日，海南省万宁市后郎小学 6 名就读小学 6 年级的女生集体失踪，引起老师和家长的极度恐慌，连夜四处寻找但无果。直到 5 月 9 日晚上 11 点，1 名女生在海口亲戚家，另外 3 名女生在海口城西镇一出租屋被找到。经跑到海口的女学生说，另外 2 名女生在万宁。这 6 名女孩被找到时，看上去都迷迷糊糊的，有的女孩手、脖子等处还出现青肿，经到医院检查，6 名女生下体受到不同程度伤害。后经警方调查，原来该 6 名小学女生被万宁市第二小学校长陈某及万宁市一政府单位职员小忠带走开房，两人对 6 名幼女实施了性侵。校长陈某一审获刑 13 年 6 个月。

2．安徽潜山校长性侵案

安徽潜山县一名小学校长杨某，在长达 12 年的时间中先后对

9名女童实施性侵。被性侵时，最小的受害者年仅6岁；而最大的受害者，今年已经20岁。从2001年开始到2012年12年中，9名学生被侵犯时年龄主要集中在6岁到10岁之间，侵犯的地点主要在学校的办公室内。潜山县人民法院以强奸罪、猥亵儿童罪一审判决杨某有期徒刑18年。

3. 河南教师性侵十余名女生

河南省南阳市桐柏县黄岗镇斗称沟村小学56岁的教师杨某，多年来多次性侵女生。16名小学女生的家长，集体到桐柏县中医院进行了医疗鉴定，其中有9名幼女的处女膜破裂，其她幼女也受到不同程度的侵害。

4. 安徽舒城五旬男教师猥亵7岁女学生

舒城县南岗镇居民汤女士怀疑女儿遭他人侵犯，连续几天的逼问下，女儿才说，数学老师王某侵犯她，还不允许她告诉别人。王某因犯猥亵儿童罪，一审被判有期徒刑二年六个月，赔偿原告各项经济损失1万元。

5. 湖南教师猥亵多名女生

湖南嘉禾普满中心小学二年级（1）班班主任江老师接到本班一女生家长的电话，称该班数学老师曾某有猥亵其女儿的行为。接到电话后，江老师立即对有类似反映的6名女生进行了了解，并向学校领导汇报。学校获悉情况后，立即召开会议，决定停止曾某的教育教学工作，并会同相关村支两委干部，走访慰问了涉事学生家长并道歉。曾某已被刑事拘留，普满中心小学校长被停职反省。

6. 广东小学校长涉强奸两女生

雷州市英利镇某村小学校长郑某涉嫌强奸该校女生。据了解，郑某2009年开始担任英利镇某小学校长，其妻子也是该校教师，因为要照顾孩子，每晚必须回到英利镇家里，其他老师也很少留校。郑某以辅导课程等为借口，将该校两名女生多次诱骗至学校宿舍实施强奸。

郑某被刑事拘留，已被开除党籍和公职。

7. 深圳教师猥亵4名女生

深圳南山区弘基学校某班主任吴某，利用午休时间侵犯女学生，长达一年之久。据嫌疑人交代，受害学生共4名，嫌疑人从2012年8月开始，利用中午午休时间或周五放学之后在教室内对学生进行猥亵。犯罪嫌疑人吴某已被刑拘。

8. 德阳一幼儿园教师性侵4岁幼女

德阳市旌阳区李姓家长在给孩子洗澡时发现孩子下体受到伤害。经公安机关全力侦破，犯罪嫌疑人陈某（德阳外国语学校幼儿园教师）因涉嫌猥亵儿童罪已被警方移送检察机关提起公诉。

9. 达州官员洗脚房内强奸7岁幼女

某日晚上，张女士去洗脚坊时把女儿带上。张女士说："晚上10点多，孩子说太困了，我就让她在楼上一间无客人的房间里睡觉。"凌晨1时许，女儿睡觉的房间里传出吵闹声和打斗声。拉开灯后，张女士被眼前的情景吓呆了：一个赤身的矮胖男子坐在女儿的床边。因涉嫌强奸犯罪，四川渠县档案局办公室负责人易某已被警方刑事拘留；同时，易所在单位党组会议决定，对其做出停职处理。

10. 90后男猥亵男童后又强奸两幼女

广西桂平市徐某某日在邻村吃过午饭后，在回家途中，遇到一个人去垌心市场给父亲买烟的12岁男童，见四下无人，便心生邪念，将男童抱到一隐蔽处，要求男童为其口交，并对男童进行猥亵。另一日中午，徐某驾驶摩托路过金田镇时，在路上遇到4

名回校上课的小学女生小莹（9 岁）、小萍（9 岁）和小林、小燕，便起了淫邪之念。徐某停车拦住小莹等 4 人，威吓小林和小燕先走，并拉小莹和小萍到离路边不远的龙眼树根处，将小莹和小萍强奸。

11. 深圳南山小学多名女童被性侵

2013 年 5 月 27 日，深圳市南山公安分局南山派出所接到报案，4 名学生家长称其小孩在南山区弘基学校就读期间被老师猥亵。接到报警后南山警方迅速成立专案组，展开调查。当晚，南山警方将嫌疑人二年级老师吴某（男，42 岁）抓获，经审讯，嫌疑人吴某对其猥亵学生的行为供认不讳。根据嫌疑人交代，自 2012 年 8 月开始，利用中午午休时间或周五放学之后对学生进行猥亵。

12. 崂山一幼儿园两保安涉嫌猥亵儿童

2013 年 5 月 20 日，青岛市崂山区崂山公安分局中韩边防派出所在处理一起治安纠纷过程中，获悉崂山梅岭西路 283 号一家幼儿园有保安员猥亵儿童的情况，随即开展调查工作，于当天将犯罪嫌疑人王某（男，20 岁，崂山区人，该幼儿园保安员）、刘某（男，22 岁，崂山区人，曾在该幼儿园任保安员）查获。崂山公安分局以涉嫌猥亵儿童罪对犯罪嫌疑人王某、刘某依法刑事拘留。

13. 容县容州镇一男子潜入邻家对 1 名幼女实施强奸

2013 年 2 月 15 日中午，11 岁的小玉在家人陪同下来到容县公安局刑侦大队报案。2 月 11 日，小玉等几个小孩到舅舅家玩，小玉住在二楼。2 月 13 日，大人都外出未归，只有几个小孩在家。2 月 14 日零时许，一名戴着鸭舌帽的陌生男子闯进她的房间，掐住她的脖子，对她进行性侵后逃离。小玉母亲将孩子们接回家中，当晚小玉将被性侵的事告诉了母亲。卢某已被警方刑事拘留。

14. 云南大关一官员将4岁女童抱至卧室强奸

2013年8月24日21时30分许，郭某酒后搭乘朋友的车回家，行至大关县城顺城北路与县扶贫办家属区岔口处下车，见被害人王某某（女，未满四周岁）在路边一机电维修门市前玩耍。郭某遂起奸淫之心，欲将被害人王某某抱走实施奸淫，因王某某哭喊，郭将其抱回原处。其后，郭再次将王某某抱至位于县扶贫办家属区四楼家中卧室内实施了奸淫。云南省大关县法院以强奸罪判处郭某有期徒刑8年。

15. 江西62岁教师猥亵多名女童致6人患性病

2012年9月至2013年5月间，陶某以批改作业或让学生背书为名，多次将班上7名女学生叫到休息的房间进行猥亵。据女童家长反映，事发时，年龄最大的女童9岁，最小的8岁。目前有6名女童被诊断患有尖锐湿疣，正在医院接受治疗；另一位女童病情较轻，未住院。一审已开庭审理，未报道审理结果。

16. 乌鲁木齐金钱豹餐饮男厨师涉嫌猥亵6岁女童

2013年12月14日晚，在乌鲁木齐市克拉玛依东路的金钱豹餐饮，6岁女孩莎莎独自去卫生间回来后对爸爸说："有个叔叔欺负我！"听了女儿的叙述，莎莎的父亲王先生立刻报了警。乌鲁木齐友好北路派出所民警随后赶到餐厅，根据莎莎的指认带走了1名餐厅厨师接受调查。

17. 西安蓝田前卫镇一村办小学教师涉嫌猥亵7名女生

蓝田县前卫镇一村办小学教师卫某某，34岁，已经结婚，2009年开始到安岱村小学任教，目前，警方确认有7名女学生受到侵害，她们的年龄在7岁到10岁之间，从二年级至五年级都有，她们的父母多在外打工，平时对孩子的照顾较少，其中1名女生曾被卫某某强奸。据卫某某交代，侵害行为从2011年开始，已经持续了两三年，直到这次被家长举报。卫某某因涉嫌强奸罪和猥亵罪已被刑事拘留。

18. 安徽无为一小学老师猥亵8名女生

11岁的小雪是无为县红庙镇三水涧希望小学6年级学生，她称被班主任徐老师多次抚摸身体敏感部位。小雪的女同学亦称，班上总共有9名女生，其中8名女生被老师摸过。11月26日，无为县公安局经办此案的负责人称，徐老师因涉嫌猥亵学生，现已被拘捕。

此类案件隐蔽性较强，破案难度大，加之碍于中国传统文化中的“谈性色变”和女孩对遭遇性侵害后不敢或羞于表达等原因，现在被公开曝光的案件还只是冰山一角，还有大量的性侵害案件，人们根本不知道。

接下来，我们在后面会再详细分析几个真实的案例。

工厂里遭遇未成年男孩的猥亵

职工张某在某市某工厂上班，他的女儿蓉蓉 7 岁在工厂附近上小学，因为是寒假期间学校放假，蓉蓉无人照看，张某就带着女儿来到工厂上班。他将女儿留在职工宿舍看电视。没想到，这一天就成了他和女儿心中永远的噩梦。

上午 10 点左右，睡在宿舍上铺的刚满 17 岁的李某，看到独自一人的蓉蓉，顿起歹意。他拿糖果给蓉蓉，陪她看电视，随后兽性大发地将蓉蓉按倒在床上，直到蓉蓉下身出血李某才停止侵害行为。最后，李某还威胁蓉蓉不要告诉父母，然后自己离开了宿舍。

直到晚上睡觉，蓉蓉妈妈发现她内裤上有血迹，仔细询问后才知道上午发生在工厂宿舍里的事。报警后，经过鉴定，李某的猥亵行为导致蓉蓉尿道旁黏膜损伤、尿道出血。

法院判决，李某构成猥亵儿童罪，考虑其系未成年人，判处有期徒刑 10 个月。

分析和思考：

1．本案中监护不到位是性侵害案件发生的重要因素。

监护不到位无形中给犯罪人提供了下手的“机会”，由于这个原因导致的女孩遭受性侵害案件的数量是非常多的。监护不到位在统计的案例中体现为以下几种情形：一是让年幼的未成年人独立上学、放学或者去亲戚家中、外出等，造成未成年人在途中被拦截、带走；二是让年幼的未成年人独自玩耍或者让其在荒凉、偏僻的地方玩耍；三是让未成年人独自在家，其他人从外面进入实施性侵害；四是使未成年人单独在外或者在出租房居住遭受性侵害。

作为监护人，本该对年幼的孩子尽到管理和保护义务，但是由于没有预见到事情的严重性或者由于其他原因而放松了看护。在没有监护人照顾的情况下，单纯的未成年人缺乏自我保护意识和能力，很容易受到侵害。使其提高安全和防范意识，是非常必要的。

2．本案中未成年人犯罪的原因也与缺乏有效的家庭监护有关。

本案中未成年人李某犯罪的原因与其成长环境存在很大关系。这些实施或者参与实施性侵害的未成年人绝大多数具有不良行为以及严重不良行为，缺乏有效的家庭监护，处于辍学、无业状态，容易受到色情信息的诱惑和酒精的麻痹，缺少正确的方法控制冲动。

3．一次冲动的举动，改变了两个未成年人的人生轨迹。

对蓉蓉，这一次伤害，何时能够复原？身体的损伤是可以治愈的，但心灵的裂痕，何时能够缝合如初？我们不知道需要多长时间 7 岁的孩子才能把那一幕彻底遗忘，回到本属于她天真快乐的孩童时代。我们也不知道，17 岁的李某在监狱中是否会为他的错误行为真正忏悔。但我们知道，如果我们对未成年人的性教育、法制教育、青春期教育再不采取有效措施，如果我们的家长仍然忙于工作、疏于对孩子的保护，悲剧还可能重新上演。

邻家大叔是个色狼

13岁的慧慧和父亲是安徽人，在她4岁时，母亲离家出走，慧慧自小随父亲在内蒙古呼和浩特市生活，父亲在工地干木工为生，勉强维持父女俩的生活。由于没有户口外加经济困难，慧慧只能在工地附近找私人开办的小学上学。因为工地活多，父亲多数情况下中午不能回家，晚上也要干到凌晨。因此，慧慧经常被忙碌的父亲单独留在家里。父亲带着慧慧在某个村子居住时，逐渐和邻居50岁的临时住户赵某熟悉起来。赵某是从四川过来打工的，平时和慧慧父亲经常一起聊天，或者帮助慧慧父亲照顾慧慧，有时还会让慧慧在他家吃饭。

一天晚上11点多，慧慧父亲出去干活还没回来。慧慧写完作业正准备睡觉，赵某突然推门进来，抱住慧慧并用手捂住她的嘴，将慧慧强奸。慧慧拼命挣扎，赵某用鞋抽打慧慧并威胁说："谁也别告诉，否则我打死你！"想到父亲经常不在家，害怕再被赵某殴打，13岁的慧慧没敢告诉任何人。她的软弱反而让赵某更加放肆，在以后的半个月里，赵某又两次将慧慧强奸，而毫不知情的慧慧父亲仍然和赵某称兄道弟，经常在一起喝酒吃饭。之后赵某离开呼和浩特回到了四川。

赵某走后不久，父亲发现慧慧越来越胖，还经常呕吐，以为她是感冒了，就给她吃了几片感冒药。直到他发现慧慧几个月没来月经，便领着慧慧到医院检查，发现慧慧怀孕了。慧慧父亲大惊失色，在不停追问下，慧慧讲述了她被强奸的经过。得知事情真相的父亲马上报了警，警察前往四川，将赵某抓获。

分析和思考：

1. 由于家庭保护不完善，留守儿童缺少父母呵护，缺乏来自于家庭、学校和社区的有效保护，人身安全缺少保障，往往容易成为被侵害的对象。据公安部门有关调查显示，女孩被强奸的恶性案件中，留守女童居多。据最近的统计，我国已经有将近1亿的农村留守、城乡流动儿童，而且这个数字还在不断地扩大中。他们缺乏父母的关爱，缺乏良好的家庭氛围，缺乏稳定的学校教育，如果对这些孩子的权利和困境漠视不管的话，将来的后果必然由我们的社会来承担。

2. 父母监护缺位，必然会导致家庭教育跟不上。留守儿童的实施监护人一般文化水平低，家庭教育知识了解有限，尤其是面对留守儿童感情、心理、不良行为等成长中的问题，事实监护人难以承担起有效家庭教育的职责，往往把教育推给学校，而忽略家庭的教育和引导。

衣冠禽兽的老师

四川一小学教师魏某，2008 年到 2011 年间，多次以辅导作业、改卷子为由，将授课班上的 11 名 8 至 11 岁女学生喊至家中卧室，对其中 7 名女学生实施奸淫和猥亵，对 4 名女学生实施猥亵，并将奸淫、猥亵女学生的经过制作成大量淫秽视频，存放其电脑和 u 盘内。魏某的行为不仅给多名被害幼女的身体造成了损伤，还给被害人造成极大的心理伤害和阴影。一审法院判决魏某犯强奸罪和猥亵儿童罪，数罪并罚，决定执行死刑，剥夺政治权利终身。2013 年 10 月，最高人民法院核准魏某死刑。

分析和思考：

中小学校园，教室、办公室等育人场所都可能沦为性侵场所，在这些由强势者教师完全掌控的环境中，补课、谈话、帮老师做事等家常借口，都可以轻松地导致一次不为人知的侵害。未成年学生对来自教师的性侵害之所以较少反抗，除了有敬畏教师、自身力量弱小等原因之外，关于预防性侵的知识和技能较为欠缺也是重要原因。部分低龄儿童未能意识到施暴者的行为是在严重侵犯自己的权益。孩子们只是觉得不喜欢、不舒服，但并不知道这些人是在干违法犯罪的事。

孩子们长期、连续被猥亵，主要归咎于教育管理漏洞。一些地方教育主管部门片面追求升学率，只把精力集中在抓教学质量上，对教师队伍的监管缺乏足够的重视，通常仅靠教师自律。性侵教师所在学校，普遍管理松散、监督乏力，相关规章制度不健全。有的犯罪分子本身就是学校负责人，更无所谓监督。在某些地方没有对教师资格严格把关，让道德败坏的害群之马多次混入教师队伍。

可怕的“怪爷爷”

佳佳是农村某小学的10岁小学生，2013年7月至8月间，同村邻居77岁的老头钱某以到家里看电视、给零食、零钱诱骗的手段，在其家中多次对佳佳进行性侵。年幼无知的佳佳在电视、零食和零钱的诱惑下屡屡上当，并在钱某的教唆下向父母隐瞒了此事，直至案发。钱某其行为已构成强奸罪，获刑六年。

分析和思考：

这种案件大部分发生在农村，这种现象和农村老人的生活状态有很大关系。农村老年人法制意识较差，缺乏社会关爱。农村老人常常随子女生活，子女不在一起的，老人就少有机会在一起；另一方面，丧偶未娶或终身未娶的老人占有相当大的比例，他们也有自己的生理需求，但有的受经济条件所限，无钱结婚或再娶；有的虽然具备经济条件，但受着旧思想的束缚，担心子女的反对和周围邻居的谈论，不敢或不能再婚。在这种心理支配下，在加上小孩子往往容易控制，老年人体力特点决定其性侵犯对象为幼女，有的老人就对周围的女童实施性侵害。

性变态的官员

2013 年 8 月 15 日，贵州习水县公安局接到报案称，有幼女被强奸，公安机关随即展开侦查，发现该案并非只是一起简单的强奸案，而是一起涉嫌嫖宿幼女的恶性案件。据调查发现，2007 年 10 月至 2008 年 8 月期间，习水县辍学学生刘某、袁某采取在学校门口守候等方式，将女学生李某、王某、罗某等 11 名女学生带往袁某家中，再由袁某联系嫖客进行嫖宿。受害者中，未满 14 岁的幼女有 3 名，其余受害者均未满 18 岁。该案涉嫌嫖宿者有 5 人为当地官员。

2006 年，河南某县一名国税局官员在不到一年的时间内奸污 16 岁以下未成年少女 17 人。这名官员深信，如果在倒霉或者职位升迁受阻时，只要同处女发生关系“见红”，马上便会交到好运，并且越多越好。由此，他把自己仕途的升迁全都寄托到了“破处见红”上。

2008 年，河南省某县政协原副主席吴某强奸二十余名少女。他的犯罪动机居然是：由于年逾花甲，经济与身体逐渐透支亏空，他相信通过采阴补阳之术，可以延年益寿，还可以继续官运亨通、飞黄腾达。于是经“有道之人”指点，他开始寻找 13 至 16 岁的处女。

分析和思考：

这些官员对法律的漠视、对道德的践踏令人震惊。分析其性侵的变态心理主要有以下 6 种：处女情结；维护健康的一些迷思，如幼齿顾筋骨、幼齿顾目等；怕染性病；对新鲜的事物好奇；渴望有易于摆布的性伴侣；有可能是“恋童癖”，以儿童为对象来获得性满足的一种性变态。

一个个花季少女在魔鬼手中被蹂躏、被摧残，即便身体恢复，也驱赶不了内心的阴影，这实在令人痛心疾首。我们的社会应该以什么样的态度来面对受伤的孩子呢？如何给遭受创伤的孩子心灵抚慰？如何帮助那些遭遇不幸的家庭？研究表明，这类遭受性侵害儿童的心理康复水平取决于他们此后经历了些什么，取决于家庭、社会，特别是父母所给予的支持和帮助程度。西方发达国家的经验表明，帮助这些孩子不能只依靠某个部门、某项专业，而是需要跨部门合作、针对整个家庭进行帮助。我们衷心地希望这些孩子在今后的成长中可以得到更多的支持与帮助，摆脱曾经的噩梦。学校应严格用人制度和教师考核制度，完善监督管理，从制度上杜绝此类案件的发生。国家应加大处罚的力度，健全损害赔偿，真正做到从多角度保护未成年人，让她们身心健康地长大。

国外性侵害案例分析

下面我们看一看国外近几年公开报道的对女孩性侵害的案例。

一、“慈善家”的魔爪

据英国媒体报道，英国航空公司飞行员54岁的西蒙·伍德利用工作之便在非洲停留期间，用玩具、彩色书籍等作为引诱手段，将当地儿童诱至他所在的酒店，实施性侵犯。这种性侵犯实施了长达15年才被英国警方发现并逮捕。检察官表示，伍德先生是一个堕落的人，他借用职务之便对他国儿童进行性侵犯。肯尼亚的地方官员表示，已经确认至少有15名女孩遭遇性侵，所有女孩都在5到10岁之间。伍德在英国航空公司效力16年，与其他人相反，他在飞行航线上选择了并不受欢迎的东非地区。并利用在这些地区的停留时间，对当地贫民区的儿童进行侵犯。伍德近年来大多数的性侵行为都发生在内罗毕，主要针对贫民窟的儿童和孤儿。肯尼亚官员称，伍德宣称自己是“英国航空公司社区关系项目”的官员，并以此身份接近当地孤儿院和学校。一名被害女童的母亲称，其女儿在被伍德侵犯时年仅5岁。伍德利用她们对他的信任，将女童带至英航为工作人员在内罗毕安排的五星级酒店进行了侵犯。而这名现年 14 岁的女孩，因伍德的侵犯痛苦不堪，并曾试图自杀。警方随后在他的手提电脑以及车辆中搜查出了大量非洲儿童的暴露照片，以及多套学校制服。此外，证据显示，伍德还经常访问多个恋童癖的网站。后伍德出席了对他拥有大量亵童照以及涉嫌猥亵一名 8 岁女童的法庭指控。在被保释两天后，伍德卧轨自杀。

二、禽兽长辈

美国密苏里州一个农庄曝出骇人听闻的集体性虐待儿童案。一名 77 岁的老翁和他的四个儿子，被指控多次性侵犯六名孙辈。其中一名女受害人案发时年仅 5 岁，11 岁时便被迫堕胎。发生集体性侵犯儿童案的农庄位于密苏里州的列克星敦。比起此前屡屡曝出的“乱伦兽父”，这父子五人的罪行更加令人发指。根据法庭资料显示，五名嫌犯分别为今年 77 岁的伯勒尔·老莫勒和他的 4 名从 47 岁到 53 岁的儿子，案件发生在 1988 年到 1995 年间。一名 26 岁的女被害人向警方报案，称她和其他五名姐妹及哥哥多年来遭到祖父、父亲和三名叔叔的性侵犯。这名女受害人向警方披露了其中九宗个案，其中包括她和四名姐妹被迫穿上特别的裙子与长辈“拜堂成亲”，其中一次她被安排嫁给自己的一名叔叔，随后被几人强奸。还有一次，她被迫观看哥哥被性侵犯的过程。另一次经历发生在农场地下室祖父的床上，几名女孩排队上床被祖父、父亲和三名叔叔实施性虐待。据报道，上述五名嫌疑人被指控犯有强迫鸡奸、强奸 12 岁以下儿童、强迫儿童进行性表演等多项重罪。

三、英国小镇 17 年 1400 名儿童遭受严重性虐待

据《每日邮报》《卫报》等英国媒体报道，1997 年至 2013 年期间，至少有 1400 名未成年人在英国罗瑟勒姆镇遭受严重的性虐待。近日，一份长达 153 页的报告披露，长期以来，多名犯罪者在当地诱拐未成年少女，并施以殴打、恐吓或强奸行为，当年最小受害者年仅 11 岁。英国女孩劳拉·威尔逊死时只有 17 岁。2010 年 10 月，人们在南约克郡罗瑟勒姆镇的运河里发现了她的尸体，凶手是她 18 岁的“爱人”。当地儿童保护委员会于 2012 年发布调查结果称，劳拉 11 岁时就遭到了性侵，16 岁后成了阿斯哈和侯赛因的性虐对象。调查显示，侯赛因是阿斯哈的“导师”，在他眼里，劳拉只是用于满足兽欲的工具。

据有关机构对 19 个国家进行的一系列研究表明，女孩受性侵犯发生率为 7% ~34%。在欧洲有 10% ~20% 的儿童在其成长过程中遭受过不同形式、不同程度的性侵犯。

在美国，根据几次全国性调查结果估计，到 18 岁时，女孩中有 1/4、男孩中有 1/6 受到性侵犯。另据美国国家失踪及受虐儿童中心的一项统计：1/5 的女孩和 1/10 的男孩在 18 岁前曾遭到过性侵犯；在 12 岁以下的儿童中，4 岁孩子被侵犯的情况最为严重。2001 年，美国儿童性侵害案件占到了所有儿童保护案件的 14%。据统计，美国每年有 100 万儿童被证实受到了虐待或忽视，在这 100 万儿童中，至少有 13 万儿童遭受了性虐待，但由于感到羞耻、尴尬等原因，一些案件没有被报告。

由此可见，女孩性侵犯是世界各地都在共同面对的一个严重的社会问题。越来越多的研究表明，女孩性侵犯是导致儿童身心健康问题、社会适应不良问题的一个很重要的因素。因此，女孩性侵犯问题越来越受到人们的关注。

国外对性侵者的惩罚情况

在美国，与未成年人发生关系一律被定为强奸罪。凡是和14～16岁以下少年女孩发生性关系的，一概会被视为强奸罪。不管当时的情况如何，也不管是男女，只要成人与未成年少年女孩有性关系，有人举报，提起诉讼，一旦确认属实，成年当事人就会被判强奸罪。哪怕真的是这个未成年人是作为性交易工作者，与成年当事人有交易关系，也照判强奸罪。需要强调的是，成年人和16岁以下男孩子发生性关系，也是犯罪。

教育工作者对未成年人性侵犯罪名更严重

每年纽约都会传出教师侵犯学生的消息，而全美教师性侵学生案数量更是惊人。

11岁的美国金发少女杰西·李·杜加德在上学路上遭一对假释犯夫妇绑架。随后一直被绑匪囚禁在一个装有隔音材料的屋棚中，成为绑匪性奴。多年后被警察查获，在2011年6月2日，这对夫妇被法庭裁决各自获刑431年和36年。

需要说明的是，强奸少年女孩，一般判刑会非常重，就像上面那个案例中的431年，几辈子都坐不完的牢。因为美国法律认为，成年人应该具备逻辑思维能力，对于事情的后果应该能预见到，所以应该承担责任。

在这里，值得一提的是，对于未成年人的性犯罪问题，嫌疑人的社会地位，对法官来说没什么区别。很多时候，也许因为是老师或者官员，法官还会判更重。因为在美国人看来，老师最基本的职责就是保护孩子，教育孩子，现在却反而伤害孩子，辜负大家对他的信任，这种情节更恶劣。法官会对这样的教育工作者毫不客气，舆论也不会放过这个老师。

一朝性犯罪，永远是坏人

美国的法律对强奸罪审判非常严格，而且，入狱之后，美国的牢房对强奸犯也很严酷。监狱里其他同性罪犯，还经常对强奸犯实施暴力，包括性暴力。看守往往睁个眼闭个眼。尤其是强奸幼女的罪犯，在监狱里会吃大亏，搞不好小命都不保。

强奸犯出狱后，日子也不好过。无论搬到美国任何一个地方，都先要到当地警察局注册备案，他的照片、居住地址、体貌特征都要公布于众。

美国许多州通过法律规定，性侵犯女孩属高危险犯罪者，刑满释放后，不得居住在幼儿园直至高中校园半英里以内，从而减少可能的再犯罪。

美国有35个州设立了性犯罪因特网站名单，且大多数带有相片和个人信息，以便周围的邻居能够提高警惕，同时也可以威震性犯罪者，减少他再次犯罪的几率。

美国有的州不仅把性犯罪者的照片和个人信息公布在网页上，还公布他们的住址、工作单位，以及他们开什么车，喜欢在哪里活动等。重复犯罪者必须每90天去警察局报到一次，如果他们留了胡须或者外貌上有任何改变，一定要通知警察局。

现在美国已经有二十多个州通过这项法律：危险性大的性犯罪者出狱后，都要带上 GPS 脚环和手环，以便于警察 24 小时进行监督。他们一但靠近学校，只要接近学校的距离在法律允许范围之外，就会有信息发到监控者的电脑，如果自行解开 GPS，会马上遭到逮捕。

这种法规，确实是保护了人民的安全，让妇女、女孩远离这些危险分子，减少犯罪。但是，这种法规也等于不给人悔过的机会。一朝是罪犯，永远是罪犯，连翻身的机会都没有了。这种做法，和从前在杀人犯的额头上烙上“死囚”一样，让人们避开他们，敌视他们，排斥他们。虽然有些残忍，但也最大程度地威慑了犯罪分子，让部分一时冲动的人在施暴时，心里不免会想一下：这样做是不是值得，性犯罪的后果能否承受得了。只要有万分之一秒的这个念头，也许受害人就能免于受害。所以说，美国关于性犯罪的法律，可以让女孩远离这些危险分子，减少犯罪。

第二章 什么是性侵害

性侵害犯罪的概念

媒体报道的一系列案件，使我们深刻地认识到对女孩的性侵害是一个严重的社会问题，如果不重视，不及时预防和解决，会影响到人类社会的健康发展。那么，什么是性侵害呢？我国目前立法上还没有准确的概念，下面看一看香港和世界卫生组织给出的性侵害概念。

香港防止虐待儿童会《预防女孩性侵犯训练手册》对女孩性侵犯给出了定义：女孩性侵犯是指为满足侵犯者性欲或其他目的，而透过暴力、欺骗、物质引诱、讨好或其他办法，引诱女孩进行性活动。这包括有身体接触和没有身体接触的性侵犯：有身体接触的女孩性侵犯，如非礼、强奸、乱伦、引诱女孩触摸侵犯者的私人部位、触摸女孩的私人部位；没有身体接触的女孩性侵犯，如强迫女孩看色情电影、录像带，用猥亵言语挑逗女孩，吩咐女孩露体，向女孩露体和拍摄女孩裸体照片等。香港《处理虐待女孩个案程序指引——1998 年修订本》将女孩性侵犯定义为：指牵涉女孩的非法性活动，或虽不属违法但所牵涉的女孩不能做出知情同意的性活动，就是女孩性侵犯，这包括：（1）不论发生在家中或其他地方，任何人直接或间接对女孩做出的性利用或侵犯。（2）侵犯者是女孩的父母、照顾者、其他成年人甚或其他女孩个别或有组织的进行。（3）以奖赏或其他方式引诱女孩加以侵犯。（4）侵犯者是认识或者陌生人士。

世界卫生组织（WHO）规定，“女孩性侵犯”是指女孩卷入不能够完全理解的性活动，或因不具备相关知识而同意的性活动，或因发育程度限制而无法知情同意的性活动，或破坏法律或社会禁忌的性活动。侵犯者因其年龄或身心发育程度相对处于强势地位，他既可以是成人也可以是女孩；既可以是承担照顾责任、被女孩信任的熟人，也可以是以暴力相胁的陌生人。侵犯者与女孩的性活动只是为了满足侵犯者自身的需要，包括：（1）利用或强迫女孩从事任何性活动，包括娼妓活动。（2）剥削利用女孩进行色情表演或观看色情材料。

本书所指对女孩的性侵害是指侵犯不满十八周岁女孩性权利、危害其身心健康的行为。对女孩的性侵害包括：强奸、猥亵、嫖宿、引诱幼女卖淫，组织、强迫女孩卖淫以及向女孩传播淫秽物品等危害女孩身心健康的行为。

具体来说，从类型上看，既包括违反女孩的意志强行对其实施性行为，也包括在女孩不知情或者没有达到性自主的年龄、不具备理解能力的情况下对其实施与性有关的行为；从性行为的实施方式上看，既包括有身体接触的性行为，如强奸、猥亵，也包括没有身体接触的性行为，如对其传播淫秽物品，以女孩为题材制作淫秽物品、观看女孩色情表演等；从侵害人上看，既可以是男性侵害人，也可以是女性侵害人，既可以是成年人对女孩实施的性侵害，也可以是女孩对女孩实施的性侵害，既可以是陌生人实施的性侵害，也可以是熟悉的人包括家庭成员、亲属、老师以及邻居等实施的性侵害；从受害对象上看，既可以是女孩，也可以是男孩；从法律规定的范围看，既可以是《刑法》规定的性犯罪行为，也可以是刑法没有规定但是侵害女孩性权利、危害其身心健康的行为，如已满十四周岁不满十八周岁女孩被猥亵、女孩自愿与他人发生性关系而受到伤害的情形等。应当指出的是，我国法律规定的性自主年龄是比较低的，只有 14 周岁。实际上很多情况下，刚满 14 周岁的女孩根本不能了解自己的行为性质以及后果。

性侵害的主要表现形式

性侵害主要分为以下几种：

1．暴力型性侵害

暴力型性侵害，是指犯罪分子使用暴力和野蛮的手段，如携带凶器威胁、劫持女孩，或以暴力威胁加之言语恐吓，从而对女孩实施强奸、轮奸或调戏、猥亵等。暴力型性侵害有以下特点：

手段残暴：当性犯罪者进行性侵害时，必然受到被害者的本能抵抗，所以很多性犯罪者往往要施行暴力且手段野蛮和凶残，以此来达到自己的犯罪目的。

行为无耻：为达到侵害女学生的目的，犯罪者往往会厚颜无耻地不择手段，比野兽还疯狂地任意摧残、凌辱受害者。

群体性：犯罪分子常采用群体性纠缠方式对女孩进行性侵害。这是因为，人多势众，容易控制被害人的反抗而达到目的；还会使原来单个不敢作案的罪犯变得胆大妄为，这种形式危害极大。

容易诱发其他犯罪：性犯罪的同时又常会诱发其他犯罪，如财色兼收、杀人灭口、争风吃醋、聚众斗殴等恶性事件。

2. 胁迫型性侵害

胁迫型性侵害，是指利用自己的权势、地位、职务之便，对有求于自己的受害人加以利诱或威胁，从范；或设置圈套，引诱受害人上钩；或者利用过错或隐私要挟受害人。

例如，某中学一位高三女孩，其男友给她的一封信被人偷去，此信中谈到了她与男友发生性关系时的情景。偷信人找到该女孩要与其发生性关系，女孩不允，此人则扬言："如果你不同意，我就把信交给你的老师和家长，那时你要受到开除的处分，永远见不得人。"在这种要挟和恐吓下，女生不敢反抗，多次受到奸污。这是一起典型的胁迫式性侵害案件，不法分子利用女生的过失，要挟女生，进行性侵害。

3. 社交型性侵害

社交型性侵害，是指在自己的生活圈子里发生的性侵害，与受害人约会的大多是熟人、同学、同乡，甚至是男朋友。社交型性侵害又被称为熟人强奸、社交性强奸、沉默强奸、酒后强奸等等。受害人身心受到伤害以后，往往出于各种考虑而不敢加以揭发。

例如，某中学一高一女孩，在网络上认识了一位本校的男同学，交往数次后，该男生给女孩过生日，请她吃饭，并劝她喝酒。当女孩有醉意之后，又将女孩领到他家，在女孩不同意但又无力反抗的情况下，将她强奸。

又如，某中学一高二女孩，在校外餐馆见到一个体商贩，该人穿着入时，花钱阔绰，外貌不俗，几句对话，便交上了朋友。从此课余时间经常约会，逛商场，去歌厅，该商贩为女生买过许多衣物等。一次外出郊游，该商贩将女生领到僻静处，在女生毫无思想准备的情况下，使用暴力将其强奸。

这两起是典型的社交性性侵害，犯罪分子利用相互熟识，女孩涉世不深，缺少社会交际经验，在被侵害人放松警惕的情况下，进行性侵害。社交型性侵害主体在实施侵害之前都是有计划安排的，常常利用机会或创造机会把正常社交引向性犯罪。如经常对被侵害的女性动手动脚；频繁地以性为话题，进行挑逗勾引；想方设法把被侵害人带到可以受他控制的环境（他的卧室、他的家中）或偏僻的角落，然后实施性侵害。

4. 诱惑型性侵害

诱惑性侵害，是指利用受害人追求享乐、贪图钱财的心理，诱惑受害人而使其受到的性侵害。

5. 滋扰型性侵害

滋扰型侵害的主要形式：一是利用靠近女孩的机会，有意识地接触女孩的胸部，摸捏其躯体和大腿等处，如在公共汽车、商店等公共场所有意识地挤碰女孩等；二是暴露生殖器等变态式性滋扰；三是向女孩寻衅滋事，无理纠缠，用污言秽语进行挑逗，或者做出下流举动对女孩进行调戏、侮辱，甚至可能发展成为集体轮奸。

另外，性侵害的分类还可以分为非接触的性侵害和接触的性侵害。

非接触的性侵害指：猥亵暴露；出示色情刊物给小孩；猥亵电话；故意让女孩看见或听见性交行为。如成人对女孩暴露自己的性器官，但与女孩之间并无直接接触；给女孩看色情刊物或与女孩一起浏览色情网站；给女孩以各种理由打入猥亵电话；让女孩观看或听他人正在实施的性交行为；吩咐女孩露体、偷看女孩冲凉等。

这些行为虽然都没有成人与孩子身体之间的直接接触，但它们都属于女孩性侵害的范畴。当有人对我们的孩子发生了诸如此类的行为，我们都应该意识到，我们的孩子正在遭受性侵害，这些行为都会对女孩的心理以及女孩对性的正常健康的观念投下巨大的阴影。

接触的性侵害：除了非礼、强奸、乱伦、引诱女孩触摸侵犯者的私人部位，触摸女孩的私人部位，强吻、肛交、口交和性交之外，还包括爱抚、触摸性器官、成人以任何形式触摸女孩的生殖器官或者要求女孩以任何形式触摸成人的生殖器官、要求女孩以性感的方式爱抚成人等行为。另外，只是与女孩的性器官表面接触，并无真实性器官的进入，这也属于接触性的性侵害。

性侵害的实施手段有哪些

在实施性侵害的犯罪中，性侵害的手段分为以下几类：

手段之一：假借玩耍、游戏的方式，如假扮医生检查身体、假扮记者照相等。

在女孩3～5岁这个年龄段，会出现人生中最早的独立需求和叛逆阶段。女孩可望参加成人的社会生活，但是她们的经验能力又很差，独立从事活动的能力也几乎很小，这就产生了一个非常重大的矛盾。这是这个年龄阶段心理的主要矛盾，而游戏恰好是解决这一矛盾的主要活动。

在12岁之前，游戏是女孩生活的最主要活动之一，能够促进女孩的身心健康发展。在某些群体游戏中，孩子需要扮演某些角色，担负责任并完成任务，这使得孩子在游戏中提前学习了一些社会技能。

在这个年龄段，女孩的游戏主要以想象自己完成现实中的某种活动为内容，是成熟社会活动的一种初级形式。通过游戏，女孩的心理素质和个性特点能够得到塑造和发展。其中，角色扮演游戏是最为重要的一种。这种扮演游戏能够帮助女孩理解自己以外的人的观点、情感和思想。角色扮演游戏玩得越多，孩子就会发展出超强的各种承担能力。研究表明，在各年龄层的孩子中，参加角色扮演游戏更受欢迎，同伴交往能力及社会技能也更得以增强。

所以，父母应当尽可能地让孩子多多参与这类游戏，并且保证其完整地参与整个游戏过程，不要轻易打断他们。

在这个过程中，孩子能够实践和巩固在其他地方习得的知识与技能，激发创造力，预先熟悉不同的社会角色，并且对幻想与现实更好地做出区分。

随着孩子年龄的增长，他们也可以参加内容更加丰富的游戏。以医院游戏为例：小班的女孩在游戏时，可能会把注意力大多放在对医生动作的模仿上，比如用注射器打针、用听诊器听诊、用镊子夹东西等；而中班的女孩可能会对医生病人之间的互动关系更感兴趣；大班的女孩则可能更加关注游戏中的社会意义，如医生对待病人的态度，如何进行无微不至的关怀等。

我们也看到，很多性侵害者证实了这个年龄段女孩的这种强烈的矛盾需求与特点，使孩子积极参与游戏，利用女孩参与角色游戏的强烈内在驱动力来对女孩进行性侵害，这时女孩的大部分注意力集中在游戏本身，而对自我的感受性降低，防御意识减弱，从而使性侵害轻易得手。因此，我们一方面不能打击女孩游戏的驱动力，另一方面又要告诉孩子该如何保护自己，预防性侵害的发生。

手段之二：引起女孩的注意力。

由于女孩的感觉、知觉的无意性和情绪性很明显，极易被感兴趣的、新颖的内容所吸引，在知觉的过程中，还不能自觉地组织和支配自己的知觉，持续性较差，不善于对事物进行综合分析。因此，被诱骗的可能性就极大。

有一个案例，通过“我家有可爱的小狗”来诱骗女孩。

在某个山村，只有8岁的旋旋和阳阳，只因同村50岁的张某说：“我家有可爱的小狗。”她们便毫无戒心地跟他回了家。在张某的家中，两个孩子都遭遇了张某的猥亵。更加令人扼腕的是，此后，旋旋竟又被张权良哄骗到家中，猥亵三次，理由居然都是“我家有可爱的小狗”。

手段之三：引发女孩的罪恶感。

罪犯往往会采取邀请女孩帮忙，如问路、找东西、请求帮忙、填写问卷等手段诱骗女孩。当女孩拒绝时，他们会指责女孩不够乖，不是好孩子，没有其他小朋友听话，这样会很容易引起孩子的内疚感、罪恶感，变得容易服从，从而达到诱骗的目的。

手段之四：赠与礼物。

比如送玩具、糖果、钱等为诱饵，或以关心学习、同情家庭遭遇等为借口，或采取威胁、恐吓等手段，对女孩进行性侵害。

很多父母相信民间流行的说法——“男孩穷养，女孩富养”，从而尽量满足女孩子对玩具、零食等的欲望，这样女孩就不容易被坏人诱骗。但是这个说法不完全对。因为人在基本生存满足的情况下，对于物质需求反而更多，这其实是心理作用。当我们感觉到爱缺失，或者自我价值感较低时，就容易以提高对物质需求的满足来填补心理上对爱的需求。

很多富二代，他们的物质需求已被极大满足，但是他们依然对物质有无止境的需求，并且通过炫富来获得安全感和被关注的感觉。所以，我们平时不仅要多关注孩子，同时还要让孩子感受到被关注，被关爱，这样才能让孩子产生心理上的满足感，而不会对外界的物质刺激产生强烈愿望，不会轻易被不良用心的人所诱骗。

手段之五：罪犯趁父母或其他监护人不注意，受害人独自一人时猥亵女孩。

我们看看这个令人痛心的案例：留守姐妹屡遭6名村民强奸。

14岁的小花和12岁的小英是一对姐妹，家住粤西一个山村。由于父母在外打工，小姐妹常年独居在家，只有姨妈偶尔上门照顾。

就在两年前的一个夜晚，一名男子翻墙闯入了她们的家中。她们在惊恐和绝望中惨遭蹂躏。小姐妹像惊弓之鸟，每天都害怕黑夜的来临。可是，因为歹徒的威胁，她们选择沉默，连自己的姨妈和父母都不敢以实情相告。

可是，恶梦并没有因此而结束。相反，灭绝人性的蹂躏接踵而至。"闻讯而来"翻墙而入的歹徒从一个增到两个、三个……到最后，先后闯入她们家中对她们实施强奸的人竟然多达6人，而且，这种情况持续了两年。

终于，在两年后的一天，她们的父母从亲戚处知道了一切，他们当即报案。最终，6名犯罪分子落网，可是，对于小花和小英而言，心灵的创伤却成了永远的伤害。

手段之六：自称权威者，如老师、警察等诱骗女孩。

孩子对于权威人士的态度，来源于父母的教育以及父母自身对孩子的态度。因此，教育孩子既要懂得尊重权威，又要懂得在权威面前保护自己的权利。

手段之七：恐吓女孩，请受害女孩的同学打电话邀其外出，使用女孩来调教新的受害者。

手段之八：强迫。

手段之九：跟踪、强拉入室或上车。

手段之十：冒充警察、维修工或销售员入室。

手段之十一：谎称是家中友人，受父母之托。

手段之十二：教师谎称补课等。

容易发生性侵害的时间和场所

性侵害会在什么时间和场所容易发生呢？

（1）夏天，是女孩容易遭受性侵害的季节。

夏天天气炎热，女生夜生活时间延长，外出机会增多。夏季校园内绿树成荫，罪犯作案后容易藏身或逃脱。同时，由于夏季气温比较高，女孩衣着单薄，裸露部分较多，因而对异性的刺激增多。

（2）夜晚，是女孩容易遭受性侵害的时间。

这是因为，夜间光线昏暗，犯罪分子作案时不容易被人发现。所以，在夜间女孩应尽量减少外出。

（3）公共场所和僻静处所，是女生容易遭受性侵害的地方。

这是因为，公共场所如教室、礼堂、舞池、游泳地、车站、码头、影院、宿舍、实验室等场所人多拥挤时，不法分子常乘机袭击女生；僻静之处如公园假山，树林深处，夹道小巷，楼顶晒台，没有路灯的街道楼边，尚未交付使用的新建筑物内，电梯内，无人居住的小屋、陋室、茅棚等，若女生单独逗留，很容易遭受到流氓袭击。所以，女生最好不要单独行走或逗留在上述这些地方。另外，如放学后的教室、礼堂、实验场地和上课后的宿舍，上学、放学的路上，在校园里，单独一人在家的时候，或者是在同学家里的时候，在这种环境中要提高警惕，要防止单独的一个女孩子和男生独处一室的时间过长。

女孩作为被害人的性侵害案件的主要特点

女孩为被害人的性侵害案件与一般的成人遭受性侵害的案件相比具有以下特点：

1. 熟人作案多，侵害时间长

对孩子进行性伤害的人，大多不是陌生人，通常正是孩子最熟悉、最信任、最尊重、最亲近和最依赖的人。侵犯者与孩子处在不平等的权利关系中，比如自己的亲人、邻居、老师、父母的朋友等。孩子对这些人没有防范意识，从来就不会想到她们所爱的人和被她们尊重的人会对自己进行性侵害。而侵犯者利用其权势侵犯和剥夺了受害孩子自由支配自己身体的权利和意志。有关部门对性侵害事件的调查统计发现，85%的女孩性侵害事件正是这些人所为，陌生人性侵害女孩的案件仅占 15%。

为何会有这样的结果？因为亲属长辈、学校的老师和校长都对孩子拥有广泛管教的权利，甚至是惩罚的权利；而未成年人本身并没有任何自立的条件，无论从物质上还是心理上，都是依赖自己的长辈、老师的。对他们而言，这些熟悉的人就像天空一样在保护着自己。在这种情况下，如果亲属长辈或者老师利用自己的优势对孩子进行性侵害（在亲属实施的性侵害案件中，都利用了长辈的权威进行威胁、恐吓；在老师的性侵害案件中，只有一个案件中没有表明这种身份；其他案件中，老师、校长都利用职权强调自己的权威，以使受害的孩子不敢告诉他人），孩子会陷于恐惧之中，却不知道该如何去摆脱这种恐惧。传统的服从式教育也让她们习惯于顺从、不反抗。而实施犯罪的成年人，却相当有把握阻止孩子说出这些罪行。很多女孩对于性侵害与家长、老师、亲朋好友平时的爱抚和关照有什么本质区别都不知道，就更不用说去报案了。可以说，相对其他的性犯罪，对未成年人，尤其是对性没有了解的儿童进行犯罪，成本可以说是很低的。

这种亲密的长辈对孩子犯下的罪过，其影响绝不仅仅是肉体上的，更重要的是精神上的创痛。如此亲密的人竟然会对她们做出这样的事情来，那从孩子的眼中来看，这个世界还有什么是可以相信的？这种怀疑以及周围环境可能对女孩的歧视的氛围，都使得孩子的成长很有可能偏离正常的轨道。

在熟人作案中，一些特殊家庭如母亲缺位家庭、再婚家庭、收养家庭以及父母有不良行为的家庭容易发生对未成年子女的性侵害案件，学校中的老师实施的性侵害案件也占有不小的比例。据对340个案件的统计，监护人性侵害的平均持续时间为4. 8年，老师性侵害的平均持续时间为2. 3年。

2. 被害人年龄低龄化

中华社会救助基金会儿童安全基金女童保护项目发布的《2013～2014年儿童安全教育及相关性侵案件情况报告》显示：受害人群低龄化成为过去一年性侵案件的一个明显特征，《报告》显示，过去一年，尤其以8岁到14岁的小学生居多。女童保护项目统计，被公开报道年龄的343名受害者中，8岁到14岁的有293人，占总量的85．42%，这一高比例数值，比2013年全年曝光性侵儿童案件受害者中的小学生占比81．15%又有所上升。另外，5岁以下的性侵受害者共4人，5－8岁受害者有38人，14岁以上的未成年受害者8名。这是因为年龄较低的女孩体力智力发育不成熟，认知能力、辨别能力以及反抗能力都比较差。有些女孩性知识的缺乏也是遭受侵害的一个重要原因，他们在不了解性行为性质以及后果的情况下被诱骗、哄骗与行为人发生了性关系。

3．校园与打工场所是否安全与女孩遭受性侵害案件的发生具有一定关系

学校安全制度的不健全也是导致校园内性侵害案件发生的直接原因，特别是一些农村地区学校的安全问题仍然需要加强。校园内性侵害案件的发生场所都为教室、学生宿舍、教师宿舍、学校内废弃的房屋以及广播站，甚至一些猥亵案件还发生在讲台上。学校既没有安排教师值班巡查，也没有给学生宿舍配备必要的防护措施，一些校外人员便乘机进入校园实施侵害行为。

用人单位为外出打工女孩提供的不安全生活环境也是性侵害案件发生的原因之一。据统计，外出打工的女孩在打工单位宿舍或者车间等被性侵害的案件中，这些场所都存在着不安全的因素。

4．打工者孩子更易遭受性侵害

随着越来越多的农民进入城市打工，他们的子女的安全问题、教育问题都隐藏着危险。如果父母在外地打工，孩子在家乡往往是和祖父母、外祖父母生活在一起，而长辈的年龄较大，精力不足，不能周全地照顾孩子，更别说对孩子进行教育了。有一个案例，孩子深夜被一个陌生人抱到村边的草剁上强奸，而就在隔壁屋子睡觉的奶奶竟然什么都没有发现！

即使跟随父母到城市打工，孩子若不能得到很好的照顾，在父母身

边仍然会遭到性侵害。打工的男性常常用零食、零钱或者玩具来引诱邻近居住的其他打工者的孩子，对其进行性侵害。这些打工者的生活一般都非常辛苦，每天工作十几个小时都是很常见的，没有时间来看管孩子。而且，打工者无论是居住环境还是精神状态都比较差，各种各样的人都有，电视、报纸、网络在性方面的不适当宣传，对这些人都会产生不良影响。并且，许多男性打工者正处于青壮年时期，没结婚的，到城市打工后常常找不到合适的对象；而结婚的却没有妻子在身边，婚姻生活很不正常，这种状况使得他们发生性侵犯的可能性较大。另一个方面，打工者的孩子的教育、安全得不到保障，打工子女学校数量上就很少，而其自身的设施和老师素质都没有保障，有些甚至还不如家乡的教育质量好，老师也缺乏对孩子进行性知识教育和保护的条件和能力。在这样的环境中，性侵犯的威胁无疑更大。

而有些年仅十几岁就在城市里打工的孩子，她们出门在外，又没有父母的照顾，一般只能依靠带她们进城来的老乡，或者招工的老板。但是，对她们实施性侵害的，恰恰是她们熟识的老乡和老板。有一个案例是12岁的女童在县城的饭店当服务员，被隔壁饭店的打工者强奸；还有的则是被老板的儿子强奸，或者老板以不给其工资为要挟而被强奸。

5. 具有隐蔽性

性侵害案件的发生一般没有第三人在场。而女孩的认知和辨别是非的能力较差，侵害人易于采取欺骗、诱惑等方式实施性侵害，使女孩意识不到这是一种侵害行为。有些女孩由于年龄小、生理卫生知识缺乏等原因，认识不到发生在自己身上的侵害行为的性质。在女孩遭受亲属、邻居等熟人侵害的情况下，一些女孩即使能够隐约的将侵害行为向家长等成年人诉说，但是有时候成年人往往采取不相信和轻易否定的态度，告诉孩子“不要乱讲话”等。成年人的忽视往往使女孩受到更严重的伤害，也使案件很长时间内不能被发现。

6. 处理案件的复杂

女孩遭受性侵害案件的特殊性体现为：证据很难保存，这一方面体现为证据很容易消失，另一方面体现为女孩及其家长也没有及时保存证据的意识；侦查取证困难，体现为这类案件发生在封闭场所，缺少目击证人，即使案件进入法律程序后也存在着难以调查取证的问题。

从被害人的角度看，女孩在陈述案情事实、参与诉讼以及被询问等方面都与成年人有所区别，而且在诉讼程序中这些人重复受到伤害的可能性更大。而且被害人受到的精神损害更为严重，但是依照现有规定得不到有效赔偿。

性侵害会给女孩造成严重的伤害

性侵害是身体与心灵的双重伤害。身体上的伤害依然还会储存在身体之中。一个身体上受过伤害的人，如果不和他（她）发生身体接触，可能谁也看不出来。可是一旦有亲密的肢体接触，过去创伤性的记忆就会被唤醒，而且直接体现在身体上。比如被拥抱时浑身僵硬，或者被抚摸时浑身发麻，自然地想要回避。甚至会造成女童成年后出现婚姻恐惧、性恐惧，拒绝性生活。性侵害的某些后果当时看来并不明显，但是被掩盖的伤口终究不能自动愈合，在多年以后发作时，便会影响甚至破坏受害者正常的生活。

性侵害对女孩一生身心的健康发展有至关重要的影响。首先是生理上的伤害，由于女孩的性器官还没有发育成熟，造成生殖器官受到严重损伤，导致身体经常不适，从而很容易患上慢性疾病，甚至性病。还有不明原因的腹痛、胃痛和头痛等；咽喉、肛门及生殖器官附近出现疼痛、流血或淤血现象以及怀孕等等。

除了性侵害本身给女孩带来的生理创伤之外，还会给她们的心理带来极大的创伤。孩子遭受性侵害后，会经历焦虑、无助、恐惧、孤独、抑郁、脆弱和绝望等波动较大的情感和心理伤痛，甚至会出现噩梦、进食呕吐、过分恐惧封闭等情况。一些女童甚至开始不喜欢自己的身体，对其有异样感，产生低自尊，会认为自己是肮脏的、低贱的、见不得人，有行为退缩或是出现攻击性行为，无法正确看待自己，严重者会出现精神崩溃、药物滥用、自杀等心理问题。如果家长处理不得当，会扩大女孩的心理创伤面，给女孩带来更深的二次心理创伤。

女孩性侵害事件发生后，如果被忽视或者处理不当，这些创伤不会随着孩子的成长而消失，而会影响她们一辈子的生活，再严重地影响到她们的生理、心理、行为和情感等各个方面的同时，也会严重影响到她们的社会适应能力。

比如受到性侵害的女孩很有可能将与性侵害有关的痛苦情绪和情感进行内化，这类经过内化的情绪情感，往往会以创伤后应激障碍、焦虑、抑郁、自闭、恐惧、紧张和情绪不稳等一系列的情绪问题表现出来。

受到性侵害的女孩也有可能将这些痛苦和创伤进行外化，往往会产生一系列的行为和人际关系等问题。比如有些遭受性侵害的女孩可能出现学习困难、逃学、离家出走、吸毒、斗殴及攻击行为；有的则可能发生行为退缩、注意力不集中、药物滥用、自闭、自杀或产生自杀倾向、自暴自弃、酗酒、厌食、暴饮暴食、不喜欢自己的身体、遗尿等行为。

遭受性侵害的女孩还可能会过早发生性行为，包括手淫、性好奇及暴露外生殖器等，有的甚至从事色情服务活动，有的会发生同性恋行为、性滥交、受害者—犯罪者循环、学业成绩差、低自尊等。

女孩遭受性侵害所形成的各类问题，大多会影响其一生，还有可能会变形成其他一些人际关系的问题表现出来。这些问题，轻则影响一个人的生活质量，重则影响到他（她）的正常工作、生活，甚至完全摧垮他（她），不管这个人是不是被社会上定义为所谓的各类的成功人士。

可以说，这类情绪或是行为问题几乎决定了一个人的基本生活幸福感。

我们不要草率地认为女孩性侵犯只是一个陌生的词。如果父母常常忙于工作，想当然地认为孩子那么小，不会遭受性骚扰，故而不加提防，对孩子的异常状况不注意观察，更没有对孩子进行任何防止性侵犯方面的教育，那么就会容易酿成苦果。

第三章 如何让女孩远离性侵害

针对孩子的不同年龄段进行性教育

性侵案呈现的高频化、低龄化特点明显印证了幼儿园、学校、家庭教育在这一问题上的缺位。

许多调查显示，不少女孩在幼儿园、一二年级时就受到过侵害，这些小女孩儿茫然不知那就是性侵害。在长达一年或者几年的时间里反复遭受侵害，她们害怕、讨厌，却只能默默忍受。这些现象，所呈现的就是幼儿园、学校、家长对女孩预防性侵害教育的严重缺失。很多学校不仅对性侵害教育的实施是一片空白，就连国家规定的性教育课程也没有认真对待，有的采取敷衍的态度，将课本发给孩子回家自己去看，有的连书本都不发。性教育，无疑对于女孩远离性侵害是非常重要的，而性教育应该针对孩子的不同年龄阶段进行。

儿童发展心理学中的某些观察资料表明，2～3 岁的儿童已经对与自己同性或异性的孩子采取不同的态度。如 3 岁的男孩可以和别的男孩打架，但却不去触犯女孩，有时还会突然拥抱和亲吻她。在无法辨别和判断他人的性别时，会引起紧张、抗拒和不快的感觉。虽然儿童对自己的行为和心理是无意识的，但是，这足以表明儿童已具有区分性别角色的内在倾向。因此，这时的儿童已经具有了接受性教育的心理基础。

儿童发展心理学理论认为，幼儿认识性别的过程可以概括为三个阶段：(1) 性别认同：2 ~3 岁的儿童能够正确指出自己的性别。(2) 性别稳定：3 ~5 岁的儿童逐渐清楚地认识到，性别不会随着年龄的增长而发生改变。(3) 性别坚定：5 ~7 岁的儿童开始了解性别的本质区别，认识到外貌的变化、活动的变化都与性别无关。

根据儿童在这一阶段的心理特点和年龄特征，性教育的主要任务和方法是帮助儿童建立正确的性别角色。

首先，父母亲要帮助儿童正确认识自己的性别，即能说清楚自己是男孩还是女孩。然后，就要进行认同教育，让儿童形成正确的性别角色。在这里特别要强调的是，父母绝不要根据自己的喜好把男孩打扮成女孩，或相反。现代儿童心理行为研究表明：由于父母这种无意间的失误很容易造成儿童的角色混乱，男孩会类同自己为女孩并有可能对自己的男性身份和特征从内心深处产生误解和排斥，甚至厌恶心理，相反女孩会培养明显的男性气质，自认为是男孩。更令人担忧的是这种情形会影响到他们成年后的行为（较多见的是男性行为的女性化）。因此，家长在儿童的性教育中一定要规范自己的行为。

家庭中的性保护教育不可缺失

家庭中如果出现性教育的缺失，则儿童的自我保护意识会差一些。性教育包括多个方面，不仅要让儿童了解生理发育过程，同时要涵盖相关的心理应对、疾病、道德、法律等。但是性教育在我国仍属较敏感的话题，不光学校要安排有关性教育的课程，家庭性教育扮演的角色也很重要。

对于性教育，很多家长会感到束手无策，有的甚至谈性色变。其实在回答孩子的性问题时，平静、坦诚、自然的态度至关重要。回答可以简单一点，关键不要给孩子造成心理压力，以免导致幼儿不正常的性神秘感和不正常的羞耻心。

日常生活中，比如回答幼儿关于生殖器是什么的问题，父母的态度应该像告诉孩子耳朵和眼睛是怎样的那么自然。其实孩子问这类问题的时候，并不是想知道生殖器的功能，只不过是想知道正确名称而已，越是躲躲闪闪，越会加重孩子的神秘感和好奇心。

对孩子进行性教育时，斥责或欺骗的话会给孩子的心理发展埋下阴影。对5岁以前的幼儿，性教育主要应该解决性别认同的问题。家长可以在洗澡或者睡前自然地让孩子认识自己的身体，要让孩子明确知道性别，同时要告诉孩子，不管自己是男孩还是女孩，都是自然选择的结果，让男孩和女孩知道不能随便触碰异性的性器官。父母在回答孩子的问题时，不要过分涉及性、生殖等细节。同时，在家要注意不要让孩子看见父母过于亲密的行为。看影视作品时，家长不要回避和遮掩，应很自然地告诉孩子他们因为爱对方才这样做，就像妈妈爱宝宝就会亲亲宝宝等。

让孩子了解生命来源的真相，孩子才会懂得珍惜自己的生命，才会懂得父母对自己的爱。

家长对幼儿期的孩子进行性教育时应遵循的原则

家长对幼儿期的孩子进行性教育可以遵循以下几点：

1. 教育儿童正确认识自己的性器官

一些专家认为，如果家长在幼儿期就教孩子认识他们的性器官，并且像认识眼睛、鼻子那么自然，就可以破除儿童的性神秘感，使儿童在今后的性知识学习中表现的更加自然、大方。应当注意的是在学习性器官时要用正规的科学术语，而不要用方言俚语。另外，幼儿期的儿童可能有玩弄生殖器的现象，这是性萌芽的一种表现，不必过分担心或紧张。有不少动物在成熟之前，常与异性动物做性游戏，练习将来如何交配，相信我们人类也有这种本能。父母的过分反应或责骂，会使孩子以为自己做了什么大坏事，影响将来心理健康的发展。

2. 科学而技巧地回答幼儿的性好奇与发问

儿童发展心理学的观察表明：4 ~7 岁的儿童由于性方面的萌芽，开始显现出对性的好奇与发问。此阶段的儿童喜欢向父母提一些多少与性有关的问题。比如，我是怎么生出来的？为什么公鸡要追母鸡？对于这样的问题家长如果显得惊奇和气愤而加以斥责，这个问题就会引起孩子更大的好奇。如果随意地扯谎敷衍不仅会失去儿童对自己信任，而且还可能形成儿童错误的性观念。正确的方法是家长应利用自己的每一次回答来对孩子进行性教育，你回答的水平越高，技巧越科学，对孩子的心理健康成长就越有利。

3. 利用生活现象进行性教育

儿童天性敏感好奇，父母可以利用这一特征，用身边的各种现象生动而自然地进行性教育。豆荚因成熟而爆裂开来，里面躺着成熟的籽种，父母可以引导孩子观察，并告诉孩子这很像母亲孕育孩子。家里鱼缸里的鱼产卵了，邻家的小猫、小狗生仔了，这都是向儿童进行性教育的好机会。另外，作父母的应该特别注意到的一点是，在家庭生活中要避免让孩子看到房事活动而产生不良影响。由于儿童的认识能力尚不成熟，对男女性爱并不了解，有时会将此误解为父母间的虐待性行为，给儿童留下不良的心理影响。对一些敏感的儿童，过早的性刺激还会埋下性变态的隐患。因此，儿童心理专家建议：当儿童能够独立就寝时，父母就应该及时安排他们单独睡觉。

青春期前各年龄段的性保护教育

作为家长或老师，我们要知道针对不同年龄段的孩子，是要进行不同内容的性保护教育的。

一、3~4 岁阶段的性保护教育

在这个阶段，我们应该让幼儿了解自己的身体，除了了解四肢、五官外，还应该让幼儿知道自己的隐私部位。现在发生在中小学的猥亵罪很多，教师上课猥亵偷摸女学生，但是学生并不知道这是在犯罪。所以，教师要告诉幼儿小内衣、内裤遮着的地方不可以随便说，不可以随便让他人看，不可以随便让他人摸，是自己的小秘密。让幼儿建立初步的隐私意识，让他们懂得自我保护。我们还应该教育幼儿不要摸别人的隐私部位，如果受到性侵犯要学会拒绝，想办法逃跑，并及时告诉家长和教师，避免性侵害的长期和重复发生，以致造成严重的后果。

二、4~5 岁阶段的性保护教育

4~5 岁的孩子已经有了性别意识，他们对彼此的不同性器官感到好奇。这个阶段要正确引导幼儿理解性别的不同，引导幼儿相互尊重隐私，不互相碰触性器官。从幼儿园阶段就开展适龄的性教育，让幼儿初步了解男女两性的生理特征，对自己有正确的性角色认同，并接纳自己的性别，学会爱护和保护自己的性器官。从幼儿起，就灌输正确的性别角色意识，有利于幼儿长大后更好地遵守社会道德规范，适应社会要求。

在这一阶段，教师可以让幼儿通过图片、布偶等了解男孩和女孩的区别。教师让孩子在一张纸上画出男孩和女孩，然后请幼儿用红笔标出男孩和女孩身体的隐私部位，同时进行性保护教育：“用红色的笔标记的身体部分不可以随便让别人看，不可以随便让人摸。”这样孩子就能够听懂，也能够按照教师的要求去做。在让幼儿做标记的过程，其实就是在帮助孩子认识身体的隐私部位，知道男女有别，不可以随便看或随便摸。教师还可以让幼儿欣赏一些著名的绘画作品，了解人体的美，让幼儿学会爱自己、爱身体。

三、5~6岁阶段的性保护教育

这一阶段一般为大班的孩子，在班上经常看到孩子玩“过家家”的角色游戏，而且经常提出“我从哪里来”的问题。教师和家长不能采取回避的态度，随意回答“你是捡来的”等等，要用简单明了的语言和方式从自然的角度正确解释生命的起源。可以让孩子触摸怀孕女性的肚子，切实感受生命的孕育；可以通过游戏方式，如让孩子往衣服里塞皮球，体会母亲怀孕的辛苦；同时通过看卡通片、漫画等，科学而有趣地回答孩子“我从哪里来的”的疑问。如果有条件，教师可以通过自然界的动植物的繁殖来启发教育幼儿，让孩子们认识生命的重要，懂得生命的诞生和成长的喜悦。

曾经有一个幼儿园里养了不少兔子、小鸡、小鸟、小猫等小动物，有一天，孩子在兔窝里看到血块。孩子们纷纷发问：“为什么出血了？”“从哪里生下了小兔子？”教师毫不隐瞒地告诉孩子：“兔妈妈身上有一个通道，能让兔宝宝出来，小兔通过的时候兔妈妈就出血了。”让孩子们感到生命的奇妙，并从中受到性教育。在性启蒙中，教师又把两只雄兔中的一只换成雌兔，孩子们问：“这是新娘，她什么时候生孩子呢?”雄兔追雌免时孩子们又问：“是不是爱上她了。”教师问为什么这样认为，有的孩子自豪地说：“我们能看出来。”大班阶段的幼儿对婴儿、结婚、男女等问题表现出强烈的兴趣，因势利导，应该让他们更自然地接受性方面的知识，因此这个时期的性教育很重要。

四、6～12 岁阶段的性保护教育

孩子们在 6～12 岁的年龄段，他们对性的认识是这样的：原来性器官不止有小便的功能，而且还会在生育宝宝这件事上发挥作用。不少孩子喜欢碰触自己的私处，他们并不能意识到他们在做什么，但这种做法不是手淫。它和青春期的手淫的区别在于这种碰触没有任何目的，并不是身体发育已经成熟，为寻求器官的快感，而仅仅是因为觉得挺舒服而已。但请告诉你的孩子，这样的事只能发生在自己私人的卧室里。

在这个阶段，孩子们也开始认识到，自己的身体有另外一种功能，如同一个新世界展现在他们的面前。男孩子开始明白，睾丸既不是储存尿液的，也不是摸着玩的，而是用来产生和存储精子的。女孩子也知道了婴儿从哪里来，知道了如何才会怀孕，牵手或亲吻就怀孕的谣言也终止于此。电视、电影、网络等媒体也会不断地让孩子们明白，性行为并非一种机械的动作或身体过程，也不仅仅是一时冲动的产物，这其中包含了亲密、尊重、爱、激情等多种因素。在对这些内容更加了解的同时，孩子们也会越发关注到自己身体的变化。父母应当从此就开始尊重孩子内心的界限，保护他们自己建立起来的隐私。

6～12 岁这个阶段，是性欲潜伏期，这个时期看起来较为平静，但其实是在为之后狂风暴雨般的青春期做准备。这个时期是孩子的性观念形成的重要时期，如果他们在这个时期接触的都是不正确的、偏颇的性知识，那么一些错误的观念或看法可能会影响他们的一生。如果我们没有及时对儿童进行正确的性教育，儿童对性就会产生强烈的好奇感、神秘感。即使受到了成年人的性侵害，儿童有时也会因为对性的好奇而无法停下来，不能对性侵犯者说不。其结果会导致儿童用一种扭曲的方式开始他们对性的初体验，在伤害与矛盾中满足对性的好奇和欲望。因此，为了预防少年儿童遭受性侵害，及早进行科学、正确的性教育是必须的。作为家长，也应当了解孩子在学校是否学习了相关的性知识。一般来说，小学五年级以后，学校可能会开设生理卫生之类的课程，对此进行了解，也便于家长以此为契机对孩子进行其他必须的性教育。

上小学后，孩子们开始接触到更多的信息传播途径。对他们来说，正当的性教育书籍是较好的学习途径。手机、电脑等媒体设备都可以连接网络，这时候家长应当注意控制信息的渠道来源，避免孩子接触到过于刺激性的文字和画面。孩子在这个时期的模仿能力和好奇心都很强，但又不完全懂得成人的性爱，极容易受到不同观念的影响，在色情读物或画面的强烈刺激下，他们有可能会首先树立起不科学、不健康的性爱观念。

家长可以提早和女孩讨论月经初潮，帮助她们早了解，到时她们就能坦然面对。孩子初潮那天是否让其他人知道，要尊重孩子的意愿。

这个年龄的孩子很多已学会上网，但应该在家长的监管下上网，尤其是在他自己的卧室，父母有责任清楚地知道孩子的网络浏览记录，知道孩子在网上跟谁聊天，都在聊什么。

青春期年龄特征与性教育的内容

性的成熟是少年期生理发展的极为重要的特征。在性腺机能的作用下，少男少女将逐渐出现第二性征，与生理变化相伴随的是少年性意识的觉醒。他们开始对两性关系表现出极大的敏感，渴望了解两性方面的知识，渴望与异性交往，并对异性产生一种朦胧的梦幻式的爱恋倾向。这时性教育的主题与幼儿期相比将发生重要的变化。性心理专家指出：在性健康教育中对儿童严肃地、熟练而技巧地说明包括性生活在内的各种性问题，是培养他们健康的性意识、预防多种形式的心理异常现象、发展个性的基本条件之一。青春期性健康教育的内容主要应当包括以下几项：

一、性器官生理解剖特点

在我国的传统文化中，人们绝口不谈性字，对性器官的知识更是如遇妖孽，这在很大程度上造成了青少年对性的神秘感或罪恶感。性生理知识的教育让青少年了解生殖系统的结构和功能，破除性的神秘感和罪恶感，懂得性器官和其他部位一样，是人体不可缺少的构成部分。人的青春活力、人类的生长繁衍无不与之密切相关。因此，我们不仅要了解它、认识它，还要爱护它，对它加以保护。

二、青春期的性发育特征

要让孩子了解女孩的初潮和男孩的遗精是怎么回事。有关专家认为：事先没有任何精神准备，突然迎来月经的女孩，要比事先进行过指导的女孩更讨厌月经。而且她们中的好多人都有藐视女性自身的观念以及女性劣等的自卑意识，还有不少人为痛经而苦恼。与此相反，一开始就对初潮具有心理上的准备，并对此怀有几分期待的女孩，对于自己的性别却充满自信，而且价值观念、审美意识也相应地增强。因此我们很有必要对少女进行初潮的性指导，它不仅涉及性健康的问题，而且还涉及到人格的健康以及人生的幸福。对于男孩来说，初次射精所受到的冲击并不小于女孩。射精不仅使男孩的自立面临危机，而且进一步加剧了青春期的心理混乱，从而导致各种过错行为，逃学、校内暴力、吸毒、离家出走、自杀等行为都与此有着千丝万缕的联系。另外，一些中小学生由于没有受到应有的性教育，而把初次射精认为是化脓了、得了性病，整日忧心忡忡、害怕担心。更有甚者，觉得没脸见人，欲寻短见，可见青春期性指导是如何的迫切和必要。另外，在指导时还需使学生对性自慰有正确的认识，自慰行为在两性各年龄层普遍存在，我们很难将之视为不正常的行为，以前被视为与自慰有关的不正常行为，并非由自慰行为引起，而是对自慰行为所做的可怕理解引起的。对自慰应持的态度是一方面尽力避免过分沉溺于它，另一方面应尽力避免将其视为可怕的行为，否则会引起不必要的心理恐惧。青少年对这个问题有这样那样的担心，他们担心手淫会使自己的精气散失而影响身体，也有的担心会造成无法结婚生孩子，还有人被罪恶感所困，认为这样做是下流可耻的行为，背上沉重的思想包袱，甚至想为此而轻生。可见使儿童正确认识自慰的性质应是性教育的一项重要的内容。

青春期的性保健和自我保护

日常生活中，家长需要让孩子了解其在青春期生理发育过程中必知的保健知识，如女孩的乳房保健、经期保健，男孩的外生殖器保健等。另外，帮助学生解决在生理发育过程中通常会遇到的一些疑惑和苦恼，如女孩子关于月经的各种不安与烦恼，关于处女膜的各种猜测与担心；男孩子关于外生殖器的发育程度的不安与担心、手淫的不安、性病的担心等等。

青春期健康教育还应增强学生的自我保护意识，学习自我保护的方法，警惕和防范身边的性侵害。

一、青春期性心理的发展和特点

青春期女孩不仅要了解、适应自己身体的变化，还要了解和适应由之而来的心理的成长和变化。因此，性健康教育还应包括性心理健康教育。

通过教育，使女孩了解性心理形成的原因和特点，懂得性心理变化的规律；帮助女孩正确对待性好奇和性困惑，学会选择获得性知识的正确途径，自觉远离性信息污染；能够树立科学的性观念，培养健康的性心理；能够及时调整心态，自然而积极地与异性交往；了解性意识和性情感产生的原因，学会把握和控制自己的性情感和性行为，知道性宣泄的正确途径和方法。

二、性角色和性道德教育

性教育还应该包括使青春期男孩和女孩了解男女两性的差异和特征，并学会悦纳自己的性身份。了解男女互补、男女交往的意义，懂得男女平等、相互尊重是性道德的基本范畴。了解家庭、社会和个体性角色形成的关系，以及未来社会的性角色的趋势。另外，还应学习与异性交往的行为准则，学会大方、自然的交往方式。同时还要让学生对洁身自好的观念有较高水平的理解，它不仅具有性道德的意义，事实表明：青少年是患性病的高危人群，在欧美 15～19 岁性病患者占全部性病患者中的比例高达 45% 左右。

在我国 2012 年全国 16 个城市的调查，19 岁及以下年龄组性病发病率近 19%。这使我们认识到，如果男孩和女孩没有对性卫生知识的了解，如果不能做到洁身自好，那将处在怎样一个危险的境地。

三、生命的孕育和诞生

应该从生理学的角度使女孩和男孩了解自己从何而来，而且应该从哲学和美学的角度让他们懂得对生命的珍惜和热爱。同时对怀孕和终止妊娠知识的了解也会增强他们的自我保护意识。

由于我国长期以来性教育的匮乏，许多青少年不了解怀孕是怎么回事，对怀孕抱着种种神秘紧张的感觉。有的青少年会反复地追问亲吻会不会怀孕，拥抱会不会怀孕。另一种无知是一些女孩相信第一次发生两性关系不会怀孕，因而轻易失身。怀孕后又不知如何处理，有的吃舒筋活血丸，以为可以打胎。有的甚至让男友使劲踢自己的肚子，认为可以堕胎。

因此，我们很有必要让青少年了解怀孕的有关知识，避免由于性无知对自己和他人造成的种种伤害。

青春期性教育的途径和方法

青春期学校的性教育，应根据青春期心理特点和年龄特征采用多种途径和方法。

一、讲授法

通过清晰科学地表述让学生了解性健康方面的知识是性教育中最常采用的方法。

对一些专业性比较强的知识，如男女两性的生理结构特点，性器官的构造、功能、保健等知识，最好由生理老师或聘请有关的医生讲解。讲授者的权威性可以有效地克服学生的羞怯心理，并对所传递知识的科学性、准确性产生信任感和安全感。

对一些青春期的性心理和性道德方面的问题可以请专业的心理咨询教师来讲，他们丰富的经验和所提供的详实资料能够使学生心悦诚服地接受教育。像讲授其他知识一样，性知识的讲授也需要运用直观教学的原则。可以利用模型、挂图、录像、电影等直观化的手段增强教学的效果。

二、讨论法

性教育不仅仅是性知识和性卫生的教育，它还包含性心理和性道德教育的内容，这些内容大都可以通过讨论的方式让学生获得深刻的理解。如怎样悦纳自己的性别角色、男女同学应怎样进行正常的交往、友谊和爱情的本质区别在哪里等问题，都可以通过小组讨论的方式获得解决。教师也可以为学生提供一些材料让学生结合事例进行讨论。如教师出示一些婚前性行为所造成的种种不幸的个案，让同学们讨论婚前性行为对男女生可能造成的危害，启发学生以理性的态度判断和思考有关性行为的问题。

三、阅读法

青春期的少年已经掌握了阅读的技巧，一些容易理解的性教育内容完全可以以材料的方式组织学生阅读。如世界卫生组织发布的关于性病和艾滋病的一些材料和数据，艾滋病的传播渠道和预防的方法、男女性别差异的成因、性角色未来的发展趋势等。在阅读中就大家共同感兴趣的话题展开讨论，也可以对不十分清楚的问题给予更进一步的讲解和指导。

四、角色扮演法

在一些内容的学习中可以分配学生进行小品表演，在角色扮演中学生可以学习一些男女生交往的技巧，比如女孩怎样礼貌而又清楚地表示拒绝，怎样规避男友不期而遇的性冲动，男孩在与女生交往中怎样表现出男子的绅士风度和对女性的尊重等等。扮演还可以通过移情作用，使学生产生同情、理解等积极的情感体验，有利于他们精神世界的丰富和心理健康的发展。

五、个别辅导法

在青春期教育中通过以上方式大部分学生获得了他们希望了解的知识，但是也许还有一些学生他们想知道的更多，或者有些人仍被一些问题所困惑，这就需要有人来解答他们的问题。因此，个别的辅导和咨询就成为性教育必不可少的补充方式。个别辅导和咨询可以是面谈的方式，也可以是通过电话或者信件的方式。

综上所述，只有当孩子对性有了正确的认识，才能更好地了解自己，接下来对他们传授如何预防性侵犯的知识，才能让他们更好地保护自己。

预防女孩受到性侵犯的基本原则

在日常生活中，作为家长或老师，应该让女孩子如何预防性侵害的发生呢？以下是必须要告诉女孩子如何预防性侵犯的基本原则：

（1）确定他们知道自己的全名、家庭住址与父母的电话。

（2）当她独自在家时，不要随意打开门，拒绝陌生人进屋。当父母不在家的时候，让孩子知道如何保证安全。如不开门、不出声响，给对方造成屋里没人的错觉。或者不开门，告诉对方以后再来。提醒孩子遇事要临危不惧，运用自己的智慧，根据情况巧妙应对。

（3）没有得到允许，绝对不要进入陌生人的车内或房内。不搭便车，特别是陌生人的车。

（4）告诉她们：如果成人抚摸她们的私处，或有人以任何方式抚摸她们而造成不适，即使侵犯者恐吓你说要保守秘密，孩子也一定要把事情经过告诉家长。告诉孩子：在我们家里没有秘密。

另外，家长要告诉孩子：如果有人看过或碰过你身体的隐私部分，或者只是企图要求这样做，你都一定要告诉父母。如果这样的事情发生了，我们绝对不会对你生气。我们会很高兴你把实情告诉我们，这是正确的选择。

（5）告诉女孩，身体是属于自己的。

要让女孩知道，虽然有的触摸看起来是一种轻拍和抚摸，相比“打或推”这种触摸方式显得善意，但是，如果有人对自己使用了这所谓的轻柔的善意抚摸，而令自己感到不舒服时，这样的触摸同样是需要拒绝的。比如绝不要强迫女孩坐在他人的腿上或拥抱亲吻其他人。当女孩在受到性侵害时，尤其是熟人进行的性侵害，打着以爱的名义，对女孩进行拥抱、抚摸女孩的私处、亲吻，或者让女孩触摸大人的性器官，并告诉她们这是爱的表达方式，这往往会令女孩感到困惑，而丧失拒绝的机会。因此我们在和孩子谈到关于爱与信任时，一定要强调孩子对于自己身体隐私的认识，告诉孩子身体是自己的，除了医生在特定的情况下得到父母的特许，任何人都不能触摸她的隐私部位。她自己也一样，任何时候都不能随意去触摸别人的隐私部位，即使是对方允许，也应该拒绝。

（6）不要只防陌生人。

性侵犯者并不全是那些面目凶恶的流浪汉、陌生人，也有的是孩子所认识的甚至是熟悉的人，这些人都可能会伤害到她们。这些人通常都会显得和蔼可亲，是大家眼中的“好人”，但是这样的人也可能做出不好的事情。

（7）不单独去偏僻的地方；外出活动要征得父母的同意并告诉父母去什么地方以及行走路线、活动时间。提醒孩子在外面走路时尽量选择安全的大路，不要抄小道，避免单独走路，不要因为好奇心而去到不安全的场所。避免去陌生和人少的地方，走熟悉的路线。晚上不要一个人在外面玩。避免单独与陌生男性同乘一个电梯。如果发现别人行为不正常，心怀不轨，应立即逃走和躲避。如果发现自己被人跟着，应当尽量选择去人多、热闹、明亮的公共场所，如大商场、超市等，寻求工作人员的帮助，此时若直接回家反而更危险。

（8）如果是女孩，未经家长许可不得在别人家过夜，甚至午休。

（9）避免让孩子单独去上公共厕所，家长应当尽量陪同。

（10）在衣着和言行方面对孩子进行适当的指导，不要穿诱惑性的、过于暴露的衣服。

（11）让孩子随身携带一份“紧急电话号码”，如果有突发状况，孩子可以及时拨打求救。

（12）不要随便接受陌生人给予的食品和饮料，因为里面可能会有麻醉剂。面对不知名的食品、饮品和药物，应尽量小心，避免食用。不接受别人的钱或礼物。

（13）培养孩子的独立意识，同时使孩子与人接触时有清晰的边界感。

因为在平日里，尤其是中国家长教导孩子的时候，几乎要求孩子完全听话，要求孩子在大事小事上完全听从家长的意见与安排。当孩子受到性侵犯后，他们的内心不仅要承受着被侵害的创伤，同时还有对自己当时不能站出来表示拒绝的自责，而这种自我无能感更容易泛化到孩子在成长过程中需要独立处理问题的各种时刻。因此，培养孩子的独立人格，在预防女孩性侵害的过程中将会发挥至关重要的作用。

家长平时在教育孩子的时候，要尽量尊重孩子的独立意志，尽量少去主动帮助孩子，多让孩子学会自我管理，鼓励孩子自己拿主意，不要为她做决定。你可以引导她去思考她做出的每一个决定可能带来的后果，帮助她自己做出最好的选择。

（14）相信你的感觉。

父母应当告诉自己的孩子：“你的身体是属于你自己的，如果遇到他人看你或者摸你，让你觉得不舒服，你应当相信自己的感觉和判断，选择离开他们，事后要告诉我们。”

（15）尊重孩子并让她学会说“不”。

当大人想抱孩子时，如果孩子表现出拒绝，可能是因为她心情不好，或者正专注于其他事情，那么大人可以利用这个机会来鼓励她：“你这么做是对的，只要你不想别人亲你或者触摸你，别人就不能这么做。”假如父母告诉孩子，别人亲她或者抱她是因为喜欢她，那么孩子就会在这种错误的教育中失去自我保护的自主意识。

（16）教会孩子大声呼救。

告诉孩子，如果有人强迫她做不想做的事情，她可以大声呼叫“救命”以引起别人的注意。如果遇到了性侵犯，应当保持冷静，灵活应变，及时求助于他人并且记住性侵犯者的体貌特征。

（17）一定要告诉孩子：“生命第一，财产第二。”

有的孩子会想：如果坏人抢了我的自行车或手机，父母准会打死我。所以，很多孩子在面对侵犯者的时候，即使知道对方不怀好意，但是对方要求自己做什么，也不敢拒绝。

（18）告诉你的孩子：“平安成长比成功更重要。”

告诉孩子人人有若干权利，如呼吸权、生命权、隐私权。这种权利任何人不能剥夺。每一个人都要保护和珍惜自己的身体，知道自己的身体应该受到尊重。每一个人都要做自己身体的主人。任何人也无权剥夺女孩的安全权，安全重于一切。

（19）让孩子尽情倾诉。

父母与孩子要经常交流，如果孩子对某人不满，不要简单地制止孩子：“不要说别人的坏话。”而要让他畅所欲言，并和孩子一起分析。这样，孩子一旦遇到骚扰，就愿意向她所信赖的人吐露实情。

（20）坏人可以骗。遇到坏人，儿童可以不讲真话。机智应对突发事件才是好孩子、聪明孩子。

（21）告诉孩子紧急时刻使用电话求救。让孩子知道，通过电话可以与家人或警察讲话。当她需要帮助的时候，知道可以向谁打电话求助。遇到危险情况，如有坏人要闯入家里，可以拨打110。要记住向接线员说出自己的名字、住址，这会帮助警察最快到达。不要把电话挂断，一直等到接线员说可以挂断了再放下电话。可以模拟一个情景，跟孩子用玩具电话进行演练。

家长如何保护孩子免受性侵犯

想要女孩远离性侵害，家庭教育占有很重要的地位。目前环境中，家长应培养孩子自我保护的观念：别人不能随便触摸你的身体，你也不能随便触摸别人的身体。受过这样教育的孩子，一般不容易受到伤害。家长也应该告诉孩子何种情形触犯法律，有哪些救助途径，提高孩子的自我保护意识。对孩子要及早进行性保护教育，告诉孩子除自己的同性父母之外，任何人，包括自己的异性父母都不能随意触摸自己的身体，尤其是自己的隐私部位，即胸部及阴部。孩子上小学后，更要告诫孩子这个保护自己的原则，否则就是对自己的侵犯行为，无论男孩还是女孩，这都同样重要。家长平时应加强儿童的权利意识，不能一味地要求孩子乖、听话，家长应尊重孩子的人格尊严，不打骂孩子，多鼓励孩子有自我主张。某些时候容许别人拨弄你孩子的头发，说你家孩子多可爱，这样做也许是为了顾及面子，维护邻里关系，但无形中丧失了绝佳的教育机会。家长这时候可以告诉孩子：“只要你不想别人碰你或亲你，别人就不能那么做。”如果父母总是告诉孩子：“别人做出这种亲昵的动作都是因为喜欢你。”那就有可能在不知不觉中让孩子产生误解，并在遭到不法分子性侵害时不懂得自我保护。针对某些利用孩子年幼无知、贪吃好玩的特性，以给钱或买衣服、零食、手机等物为诱饵进行的性侵害，家长要问孩子需要什么，只要合理，都可以向家长要，而不是贪图别人的便宜，也可以避免孩子被别有用心的人借助物质利诱进行侵害。作为孩子的第一任老师，家长一定要学习相关知识，告诉孩子关键时刻应该怎么做，从而帮助孩子避免遭受可能发生的性侵害。

家长应当反复对孩子发出关于警惕性侵犯的提醒，孩子才会牢记。为了保护孩子免受性侵犯，请家长做到以下事情：

（1）首先并且是最重要的，你应该与孩子建立一种信任的关系，使他们觉得可以与你谈论任何事情而不必有顾虑。这种信任关系的建立是需要时间的——你需要从孩子还是婴儿时就开始这方面的努力，而且永无止境。如果你还没有与孩子建立这种良性的关系，现在就是时候了。

（2）你还得尽一切所能，提高孩子的自尊心。同样，家长在这方面的努力永无止境。因为如果孩子拥有健康的自尊，就不那么容易受到别人的利用，并且更有勇气对不愿意的身体接触说“不”。

（3）在你跟孩子谈论关于性侵犯的话题前，不妨先练习一下你要讲什么，要做好充分的准备。

（4）告诉孩子身体各部位的正式名称是什么。使用模糊或不规范的语言称呼性器官，会让人觉得这些部位是“不对”的。在性侵犯这方面，使用正式的词语还有三方面的意义：首先，研究指出，如果一个孩子掌握了性器官的正式名称，万一受到性侵犯的话，他们更有可能向大人揭发，而不掌握正式名称的孩子揭发性侵犯的可能性较低。其次，在性侵犯案件的调查过程中，孩子能够使用正式词语来描述是很重要的。最后，如果孩子不能用正式的词语描述，就无法与这一事件保持心理上的距离，因而难以治愈这一伤害。

（5）知识的讲解必须是清晰明了的。不要以为孩子都能明白我们没说出口的意思。要让孩子用自己的语言复述，了解到底听明白了多少。

（6）告诉孩子，每个人的身体是属于自己的，面对不想要的身体碰触，有权利说“不”来拒绝。在这方面，你过去的言行可能会与之矛盾——当孩子扭捏着不愿意亲吻某个亲戚时，你曾经反复催促、甚至逼着孩子顺从吗？或者，你曾要求孩子去接受才第一次见面，完全是个陌生人的亲友的拥抱吗？从现在开始，你必须尊重孩子自己选择与谁拥抱、亲吻了。

（7）强烈的、清晰的直觉可能是性侵犯最响亮的警报。请你重视、认真对待这些感觉——当听到孩子们在谈话中说到“不是吧”“恶心”或是“肚子里怪怪的”时，请认真听孩子到底在说什么。当孩子说不喜欢某人时，不要只是说：“哦，这样啊。”要问清楚为什么不喜欢那个人。告诉孩子要相信自己的感觉——如果感觉到不对劲，那可能真的是有问题。记住，同一个行为，在某种情形下可能是侵犯，在另一种情形下可能只是在表达喜爱之情，例如亲吻可能是好的也可能是不好的，这取决于当时的环境与那个人。因此最重要的是弄清楚感觉而不是行为。

（8）在解释性侵犯时，告诉孩子这包括被强迫或诱骗去触摸别人的或自己的生殖器官，同时包括看图片、拍照或是脱衣服，也可能是用孩子的性器官触碰侵犯者的性器官。解释清楚性侵犯在穿衣服情况下或不穿衣服的情况下都可能会发生。告诉孩子什么是秘密触摸。秘密触摸就是年长的孩子或是成年人想要碰触孩子，或让孩子碰触他（她），并让孩子保守秘密。秘密触摸可能是感觉很舒服的，也可能会感觉不舒服，或者让人迷惑，例如孩子被要求用一种奇怪的方式碰触他（她）所喜欢的人。确保孩子知道，不要接受任何人提出的“秘密触摸”的要求。

（9）家长没有必要详细地解释上述的性行为细节，只需简单地说明：“如果有人做这些事情，就说‘不，我不想让你碰我’，然后离开，记得要告诉我。”让孩子练习说“不，我不想让你碰我”。要大声地说，这样万一她们遇到这种情况，就会很自然地说出来。

（10）说“不”还不足够，孩子必须报告这些事件。即使她们在这件事的过程中可能也做了不该做的事情。她们必须一直找大人说，直到有人相信她们。确保孩子知道应该向谁报告。

（11）警惕那些会让孩子更容易成为侵犯目标的性别角色成见。女孩不是一定要听话柔顺，男孩也不一定要很坚强、从不求助的。

（12）因为侵犯者总会让孩子“保守秘密”，所以要让孩子明白秘密都是可以说破的，尤其当说出这个秘密之后会感觉更轻松，就更应该说出来。向孩子解释，给某人带来惊喜的秘密是有趣，也就是说秘密总是会被说破的。

（13）告诉孩子在保护自己的时候可以表现得粗鲁。她有权利逃跑、尖叫或大吵大闹，只要是为了逃离受到的威胁。她一定要学会面对某个更强大的人时要坚持自主，要明白成年人不一定任何时候都是正确的。由于我们通常会要求孩子服从成年人，所以要给予她不服从的机会。

（14）认真听孩子说的话，猜想没有说出来的部分。孩子说的话可能很笼统——可能只是说：“我的保姆很烦人。”你要认真地对待孩子的恐惧，思考她想要告诉我们什么。

（15）过度保护是不健康的。如果孩子的交往被限制在家庭的范围内，就会没有家庭以外的成年人值得信赖和可以倾诉。所以，不必禁止孩子与家庭以外的人交朋友和串门来往，以免过度束缚了她独立性的成长。

（16）了解孩子日常接触的成年人或年长玩伴，尤其是那些有权威的。

（17）教导孩子在什么情况下可以接受别人的拥抱、赞赏或是糖果。告诉她们要拒绝任何要“保密”的身体接触或礼物。

（18）和孩子玩“如果”游戏：问孩子“如果某人给你钱，要求摸你的阴部，你该怎么办？”性侵犯的问题可以掺杂在其他安全问题中，如：“如果你独自在家时发生了火灾，你该怎么办？”

（19）利用“教育契机”切入谈论性侵犯问题。利用电视或是电影中出现的场景来打开话题。问孩子如果发生这种情况，她们会怎么做。

（20）多阅读关于防止女孩性侵犯的书籍。

（21）多爱抚孩子，让孩子从亲子接触中建立对自己的积极评价，同时认识到身体接触并不是都是危险的、不好的，而可以是健康的、温暖的。

（22）以真心对待孩子——你这是教给孩子受用一生的技能，而非仅仅用于防止性侵犯。当你教孩子相信自己的判断、坚持自己的立场、需要时要寻求帮助，这些将帮助她们以后将如何应对同伴压力、学业压力或工作压力。

（23）定期和孩子交流。有的家长平时忙于工作和家务，对孩子在校情况疏于过问；多数家长往往看重孩子的学习成绩，很少与孩子谈心交心，在孩子发生异常情况时难以知晓，这也是孩子遭受性侵害的原因之一。一个比较明显的现象是，来自关系不太和谐的家庭的孩子，存在缺爱的特质，更易成为性侵害的目标。因此，父母们尤其是女学生的家长应多与孩子沟通，及时了解孩子思想学习等各方面的情况。

（24）不要说着说着就跑题。我们不想让孩子对性产生恐惧，只是想让她们觉得事情都是可控制、可避免的。我们不想传播恐惧，而是想传达我们信任她们的判断。

（25）让孩子清楚地知道性伤害的行为。父母可以利用媒体报道的案件和信息，来教会孩子辨别性伤害行为。

（26）让孩子学会区分好的接触和不好的接触。

父母要让孩子明白，一旦遭遇性伤害，要做到以下几点：

●在与他人的接触中，如果判断出了是不好的接触，尽快冷静下来，然后想办法机智地离开。

●不要激怒侵犯者，这样会给自己带来生命危险。

●如果被性伤害，要做三件事情：立即告诉爸爸妈妈、报警、到医院检查身体情况。

●如果力量无法与侵害者抗衡，也没有机会逃离，在万般无奈的情况下先顺从罪犯，不要以跳楼等伤害自己生命的方式来抗争，保护好自己的生命。

除了以上注意事项要告诉孩子之外，目前，教师对学生的性侵害占有了很高的比例，因此，作为家长，告诉孩子如何预防教师对女孩的性侵犯则变得至关重要。

中国家长，对孩子经常说的一句话，就是“你要听话”。送孩子入学的第一天，大多数家长都会叮嘱孩子：“好好听老师的话。”有的家长甚至把“听不听话”当成衡量孩子品质好坏的标准，从小训练孩子听话，一味强调学生要绝对听老师的话。有专家认为，这种笼统的“听话教育”，导致大多数孩子在遭受无良老师性侵害时不敢声张，绝少反抗。应该说尊师重教是我们民族的传统美德，教孩子尊敬老师，听老师的话，原则上是不错的，比如说，老师让孩子遵守课堂纪律，认真听讲，好好学习，这些话无疑是要听的。但如果笼统地教孩子听话，导致的结果就是老师的什么话孩子都得听，当老师做了不该做的事，要求孩子保守秘密不能告诉别人时，孩子仍然听话，这就十分可怕了。

预防性侵害必须改变笼统要求孩子“听话”的“一边倒”教育观念，不能把“不听话”和“坏孩子”画等号，应鼓励孩子自尊自强、独立思考，告诉孩子对老师明显的不当行为要敢于说“不”，才能减少和避免遭受各种侵害。有人说，不告诉孩子世界有丑陋的一面，是虚伪的教育；一味让孩子听话的教育是可耻的、失败的教育。只有破除这种传统的、不科学的听话教育，并辅以恰当的、科学的性安全保护教育，才能最大限度地避免儿童遭受性侵害。

父母的主要职责之一就是了解孩子平时在学校的状况，通过和孩子的交谈与沟通，了解他们身体与心智的成长到达了怎样的阶段，是否遇到了什么问题。除了关注孩子的学习成绩，父母应当更多地帮助孩子面对和解决各种心理、人格、人际等方面的问题。对孩子进行科学系统的性教育及自我保护教育，也是父母的职责。应当让孩子了解什么样的行为是侵犯个人权利及人格尊严的行为，也让他们知道在遇到性侵犯时如何最恰当地保护自己。

在具体细节上，应当对孩子明确以下几点：

在学校，学生与老师的交往需要保持一定的距离，对老师不要盲目信任，也不要过分亲近，和老师建立健康正常的师生关系。

如老师突然提出单独补课或辅导，尤其是在放学后的时间，学生应当找借口拒绝，或者保证整个过程有同学陪伴。如果自己无法作出决定，应该和父母取得联系，在父母的帮助下决定。

如老师对学生的言行过分亲昵，或老师的口碑不佳，则应当对该老师保持较高的警惕性，避免在教室、宿舍、办公室、实验室及其他场所与其共处。

如发现教师对自己有过分亲昵的行为，学生应当及时报告家长或向学校相关人员反映，由家长或学校来确定这些行为是否有问题，并及时纠正老师的不良行为，避免事情向着更坏的方向发展。

当孩子不幸遭遇性侵后，受嫌犯威胁利诱，很可能会保守秘密。作为父母理应教导孩子，让他们明白秘密有多种性质，安全的秘密会给人带来惊喜，但危险的秘密则会伤害自己，是不应保守的。若有人碰触抚摸你，事后却要你保密，你不要照做，一定要说出来，因为拥抱、亲吻是很好的，但从来不会是个秘密；若你感到不安全、不舒服，你就不需要听从对方的话来保守秘密。

女孩不宜打扮的太性感

把孩子打扮漂亮点没错，可是走性感路线就不妥了。现在很多家长喜欢让孩子参加选秀活动，让孩子在活动中展现不符合年龄的成熟，平时穿衣和拍写真的时候也喜欢挑选暴露的衣服，以为这才是新潮和美的。

孩子穿着过分暴露，会被社会不良分子视为“容易侵犯的”目标，甚至被视为一种性暗示。这其实就把女孩暴露在危险中。而女孩一旦因此受到猥亵或性侵犯，年幼的心理上会蒙上一生的阴影，甚至会影响她日后的正常工作和生活。

过分成熟的穿着，还会把孩子迅速催熟，让她过早地踏入成人的世界。然而，早熟的孩子一般都存在“夹生”现象，即在大人眼里她仍是个孩子，而在孩子眼里她又俨然是个大人，“夹生”早熟的后果就是让孩子无法正确自我定位，找不准自己的社会角色和相应的行为规范，从而陷入身心混乱。

家长对孩子衣着的过分看重，也会让孩子把物质生活看得太重，从而把外表看作是取悦他人和取得成功的重要手段，并因此而放弃了应有的精神追求。长此下去，孩子会走上追求物欲的道路。

另外，孩子过早接触成人的环境，容易诱发性早熟。据国内相关调查，性早熟95%以上来自环境刺激，其中语言、文化环境的污染影响是最不容忽视的。现在很多少儿节目掺杂了越来越多的成人语言，孩子爱看的日本动漫中的人物衣着也非常暴露，这些环境的刺激，都会促使儿童性早熟。虽然性早熟并不一定影响儿童的发育、身高，但还是有大约10%至15%的性早熟会导致孩子身材矮小。此外，美国心理协会发布的一份研究也显示，女孩过早的性成熟容易导致饮食紊乱、自我评价过低和抑郁等问题。

青春期女孩预防性侵的要点

处于青春期的女孩子，在预防性侵方面要注意以下要点：

（1）女生不要早恋，早恋的女生最容易成为色狼的目标。尤其不要以发生性行为来表示自己的忠诚和爱心，那是自毁前程的愚蠢行为。

（2）不要与行为不检点的男性交往，以免受其直接的教唆和潜移默化的影响。行为不检点的男生往往品德缺失。

（3）不要传看黄色、淫秽的书刊、画册、录像、VCD 等，特别是男人给予的。给他人传看淫秽物品的人往往思想不健康。

（4）不要与男性一起谈论涉及色情的笑语、趣闻等，如果是与单个男性在一起时更要杜绝。这是不自重的表现，男性自然也不会尊重你。

（5）与男性交往时，切勿饮酒，更不能过量，以防止酒后失身。

（6）夜间不要单身去男同学、男教师家中、宿舍或办公室，如果确有必要，要有人同行或者有所戒备，更不能在单身男性家过夜。

（7）夜晚不要与陌生男人同行，如发现有陌生男人尾随或跟踪时，要设法摆脱。

（8）非公共场合，不要轻易接受男性的物品，即使是茶水、饮料也要警惕，以防被人下药。

（9）若发现男性的挑逗、轻浮言行，要态度鲜明，及时斥责，设法摆脱，必要时可向老师、同学求援或拨打110。

（10）有过错被不轨男性发现后，切莫用性交来“私了”，那样绝对不会“了”，只会“剪不断，理还乱”。

（11）对大献殷勤的男人要警惕，不要被花言巧语和物质利益所迷惑。当一个男人只对你好时，不要以为是因为自己魅力出众。判断一个男人真好还是假好，得看他对大部分人好不好。

（12）当患病或有其他原因时，不要轻信神汉、巫婆或者有特异功能的人通过性行为、隐秘部位的抚摸进行所谓的治疗，那绝对是骗人的。

（13）公共场所不易穿过于暴露的衣服，也不要有轻浮的举止出现，否则容易成为色狼的目标。

（14）不要为追求金钱而参与“三陪”活动，那是“送羊入虎口”。

（15）女性夜间出去，衣着打扮必须适度，特别是不要穿不利于行走的高跟鞋和紧身裙，否则有事想跑都跑不掉。

（16）不要随意搭乘男人的机动车辆，夜晚一般不要单身乘出租车去郊外。

（17）参加招聘时，不要进行单个男人所谓的体检，小心美丽的陷阱。

（18）夜晚出门走路要选择中间和有灯光处，以防有人从某角落出来袭击。

（19）掌握一定的护身技术，特别是能够通过与歹徒的斗智来防范性侵害。遇到不怀好意的男人挑逗，要及时斥责，表现出自己应有的自信与刚强；如果碰上坏人，首先要高声呼救，假使四周无人，切莫慌张，要保持冷静，利用随身携带的物品，或就地取材进行自卫反抗，还可采取周旋、拖延时间的办法等待救援。

（20）一旦不幸遭受侵害，不要丧失信心，要振作精神，鼓起勇气同犯罪分子斗争。要尽量记住犯罪分子的外貌特征，如面貌、体型、语言、服饰以及特殊的标记等。要及时向公安机关报告，并提供证据和线索，协助公安保卫部门侦查破案。

第四章

如何保护受到性侵的孩子

孩子受到性侵犯的迹象

6 岁以前儿童遭受性伤害后一般表现为：对其他儿童不恰当的触摸，对自己生殖器部位异乎寻常的关注，超过儿童年龄所知的性知识，不符合年龄的性行为，生殖器疼痛和性传播疾病，游戏可能是性伤害事件的重演。7 到 12 岁孩子在遭受性伤害后，除了具备 6 岁前儿童的表现外，还表现为：出现公开的性行为，暗示自己的性经历，描述性伤害过程，对年幼儿童的性侵害，离家出走，乱性或禁欲。受到严重创伤后的孩子身体的发育和精神的成长都将受到极大影响。

由于孩子的认知能力有限，他们遭受性侵害后很难具体明确地向大人求助。如有以下症状，需引起家长警惕：

第一步：观察孩子的生理情况。

观察孩子是否存在走路或坐下有困难或姿势怪异；抱怨生殖器官疼痛或瘙痒；生殖器部分（如肛门、阴道、会阴）、口腔或喉咙有瘀伤、肿胀或流血等情况；孩子发生性病或怀孕；经常抱怨身体不舒服（如腹痛、胃痛、头痛等），经医生检查没有生理上的原因。

案例：

2011年9月，在广州越秀区环市西路某饭店的厨房门口，被告人阿龙（化名，1991年生）看见有一个小女孩（4岁）在独自玩耍，便上前和小女孩说："一会儿给你一杯可乐喝，你跟我去后面拿好不好？"小女孩跟着阿龙去了饭店的厕所，被阿龙趁机猥亵。晚上小女孩的妈妈帮其洗澡时，小女孩指着下面说疼，其妈妈发现小女孩的下身红肿，便迅速报警。

第二步：观察孩子行为上是否出现异常。

比如：孩子出现尿床等退化到类似幼儿的行为，甚至可能出现身心发展迟缓的现象；睡眠困扰，如做恶梦、怕入睡；对于更衣、脱掉衣服或碰触身体感到恐惧反抗，或突然不断地喜欢暴露自己的身体，出现强迫性的行为，包括反复清洗自己的身体，或不能抑制的自杀倾向和行为；身上常出现来源不明的金钱与玩具；出现与年龄不符的性知识、语言及行为；常出现走神、恍惚的眼神、逃学或不易专心学习等。

案例：

台湾嘉义县某小学黄姓主任疑有恋童癖，事后校方发现他从2007年起当足球队教练，长达4年利用指导练球机会，涉嫌摸女童胸部私处等，共猥亵4名女童。受害女童均有不愿意上学、害怕回学校、无法正常回校上课学习，在家也突然变得沉默寡言、闷闷不乐，不愿意和家人沟通。

第三步：孩子在情绪上出现莫名骤变。

如果家长感觉孩子突然害怕某些人或某些地方；突然哭泣，变成极端敏感或暴燥易怒；试图成为一个过分"好"的孩子；感觉生气、厌恶、自责、羞愧、肮脏、害怕、焦虑、无安全感及被人出卖的感觉；突然对父母、兄弟姐妹或其他人感到气愤；对加害者给予生理刺激所引发的自然生理反应感到焦虑与困惑。如果出现了以上情况，家长一定要马上警惕，查明原因，采取措施。

案例：

2012 年 4 月，北京朝阳区某小学教务主任在学校办公室内，对 11 岁女生小宁（化名）实施猥亵，导致小宁出现抑郁和焦虑。在接受大半年的治疗之后，情况有所好转，从最初抗拒与医生交流，到如今可以主动跟医生表达一些想法。小宁的母亲表示：在家里基本可以与家人进行沟通，也可以正常地吃饭。但是一旦谈及外出，她就会开始发脾气，不愿出门，一旦听到要回学校上学，就会开始哭，拒绝去学校。

当性侵犯发生后家长该怎么做

性侵犯对孩子造成的影响取决于她的年龄和个性、与侵犯者之间的关系、具体事件经过、是否多次侵犯以及当孩子告诉别人时听者的反应。我们必须认识和赞赏孩子开口说出来所需要的勇气，因为混乱、内疚、羞愧和屈辱会让她们很难启齿。

女孩子被性侵害以后，主要有这么三大救护措施。第一个是生理救护，要告诉女孩子被性侵害之后，赶快去看医生，检查一下看看有没有感染性病，同时帮她保留证据，如精斑、体液，以助公安机关破案。第二个是法律救护，要告诉女孩子遇到这种侵害，绝不能让那坏蛋逍遥法外，一定要把他绳之以法。第三个是心理救护。父母在处理孩子被性侵害事件的过程中，要以能够最大限度保护受害孩子的角度出发，由此需要把握以下原则：

一、第一时间进行评估和创伤处理

当孩子被性侵害后，心理层面上的伤害是更严重的。心理学的研究表明：年龄越小遭遇性强暴后心灵创伤就越深越大，有的甚至会危害其终生。

人在年龄幼小的时候缺乏自我保护能力，他们的安全更多的是依赖于成年人给予的保护。当受到来自受害者所信赖的成年人的性侵犯时，可能会造成受害者安全感的缺失，受害者很容易内化许多与性侵害相关的痛苦和恐惧，使其自我认同及认知能力受到严重损伤，有的甚至是颠覆性的。她们会因此对他人，甚至对整个社会失去信任，将来可能会出现严重的社会适应困难和人际交往困难等，会持续影响到受害者的婚恋、家庭生活，会影响她们的学习、成长和人格发展。

一个 9 岁小女孩，四五天了，什么话也不说，什么事也不做，就是在自己的小房间发呆。和爸爸妈妈接触，容易发脾气。这个女孩的表现是遭遇性侵害早期的反应，称之为混乱期。尤其对学龄前儿童，他们不清楚性侵害是怎么一回事，只是感觉害怕、恐惧。大一些的孩子则担心被人知道，晚上难以入眠，害怕和别人接触，等等；之后可能会演变出更复杂的情绪反应，可能会性情大变，易怒、情绪起伏不定。有的孩子会出现 9 岁女孩那样的自闭状态，几日不说话。还有的孩子情绪很不稳定，容易发脾气，不愿意上学，极度回避事件过程。

这种回避不仅是对人的回避，还有生理上的回避。比如害怕洗澡，害怕妈妈触摸到自己身体的敏感部位。性强暴对受害者造成的心理创伤是很深很复杂的，而且随着发生时间的远离会发生一些变化。

如果遭遇性侵害的孩子未能得到及时的心理安抚和干预，那负面影响将更深更长久，一直延续到成年，甚至终身。长远的负面表现大概有这几个方面。

一个是青春期开始回避异性，通过自我丑化实现远离危害的目的。列举一个案例来直观的说明这一点。一个 20 岁的女孩，当她来做心理咨询时，形象很糟糕，很胖、邋遢，脸上都有污垢。女孩是在 11 岁左右被一个远房亲戚性侵害了四五次，之后她开始暴饮暴食，体重飙升，还不爱洗澡，在广州湿热天，三四天不洗澡，身上就有一股汗臭味。家人以为女孩得了神经病，而实际上，她是因为童年遭遇过伤害。

有如此童年遭遇的女孩还有一个表现是以后夫妻生活会受影响，她们可能会出现阴道痉挛。这样的案例往往不是简单吃药能解决生理问题的，比较多见的是她们受到侵害的年龄在 12 岁左右，刚刚或即将步入青春期。还有一类表现是难和异性建立起正常关系，这类情况和第一种还不同，她们外在很正常，没有自我丑化，但和异性很难交流，到了适婚年龄也找不到对象，更难以结婚。

另外，发展到严重程度的就是精神疾病，包括焦虑症、抑郁症，甚至精神分裂症。这其中，抑郁症者居多，程度较轻的焦虑症也有一些。为什么会这样？这或许和性侵害本身有关，家长很忌讳，孩子不敢说，成年了也不敢和周围人说，有的结婚多年一直当做秘密埋藏心底，自我压抑，时间一长，就容易抑郁，甚至出现自杀倾向。曾经有个产后抑郁的案例，严重到要自杀。通常产后抑郁属于轻中度，但这位产妇已达到重度抑郁，后来经过心理辅导才了解到，她一直把自己童年遭遇性侵害的事瞒着没告诉丈夫，而且保守秘密达十年，相当于压抑了十年。

二、尽量避免二次创伤

如此看来，在事件发生当下，对孩子及时进行心理干预很重要。这时，家长能做些什么？

首先要充分尊重孩子的意愿，孩子说不想上学，就不要上学，说想休学，就尽量休学，这不是在纵容孩子，因为遭遇如此创伤，很难短期恢复。这时候家长一定要理解和接纳孩子任何可能的情绪表现和异常行为，因为，面对如此重大的伤害，什么样的反应都不为过，需要多长时间恢复都是合理的。

在没有孩子同意的情况下不要有太多的人看望，哪怕是爷爷奶奶等至亲。不要责怪孩子，“你怎么不喊救命”“你怎么不逃走”等等话语一定不要乱说，更不能急于向孩子了解“发生了什么”，这会引起二次创伤。当家长报案，录口供时需要孩子讲述事情发生过程，如果说话不注重技巧，孩子就会感受到被揭伤疤一样的二次伤害。

父母还要与孩子沟通帮助做一些生理上的防范，尽可能避免例如怀孕等后续的伤害。家长的耐心和细心陪伴很重要，真诚地传递出你们依然爱她、信任她、理解她很重要，要给孩子足够的时间和耐心允许她自己慢慢面对和处理。

提醒家长，帮助遭遇“性伤害”的孩子康复是很不容易的，康复的时间长短也会因为个体差异和方法的得当有很大的不同。如果可以，建议家长寻求专业心理咨询师的帮助，或者在心理咨询师的专业指导下帮助孩子。一定用坚定的语言告诉她：“这不是你的错!”坚定而明确的正向回应能直接针对其内心深处的“自我怀疑、自我否定、自我贬低”，会有效缓解受害者内心的“自耻感”，会有效帮助其完成“自我认知”的重建，促其“提升自我价值”。

父母发现事情的当时，如果孩子的身体受到伤害，父母要带孩子在第一时间进行医疗评估和创伤处理，医疗评估可以作为控告罪犯的证据之一，收集能够证明罪犯有罪的相关证据并及时报案。同时父母要以孩子能够理解的方式和语言，向孩子解释身体受到的伤害，并同时告诉孩子身体很快就能够康复。

三、消除孩子的惧怕心理

父母要态度平静地询问孩子事情发生的具体细节，不要在孩子面前表现出愤怒或吃惊等情绪，那会使孩子被惊吓着，不敢说出实情和具体细节，这样父母就了解不到孩子受到的具体伤害。要鼓励孩子将全部细节讲出来，消除孩子惧怕被父母责备和打骂的心理，父母要抱着孩子对她说：“宝贝，你能够将这件事情告诉爸爸妈妈，我们非常感谢你，说明你信任我们!”得到父母的信任和支持让孩子更有安全感，内心放松后，孩子才会将事件全部讲出来。但是，如果父母多次重复地询问事情经过会使孩子担心自己做错了什么，给孩子带来精神压力，所以，在第一次询问孩子的时候要尽量仔细。

四、让孩子远离侵害人

父母应该让孩子远离对孩子进行性侵害的人。将罪犯绳之以法是最大快人心的事情，这需要父母收集充分的证据。但如果因为没有足够的证据或者其他原因让侵害者服法，父母要警告侵害者远离孩子。如果是家里的亲戚，要警告他不可以再接近孩子；如果是孩子的老师，父母要警告他不可以再接近并伤害孩子，或与学校协商离开这个班级。总之，远离性侵害者才能够保护好孩子。

五、不要让孩子反复讲述被伤害的过程

父母可以让孩子配合公安机关的调查取证，但不要让孩子对公安机关或其他机构或媒体多次叙述被性侵害的过程，这会一次次将孩子带回创伤情景，从而带来一次又一次的心理伤害，加重孩子创伤后的痛苦。大范围的媒体报道也会使孩子陷入同伴关系的困难中，被同伴孤立或被嘲弄，或将此事作为攻击孩子的材料。

六、做好安慰工作

对于已经明白这是一场发生在自己身上的灾难的孩子，身体完整感和身体形象受到了破坏，孩子会认为自己已经不再是以前那个完美的人了，担心父母不再爱自己。所以，父母一定要经常抱着孩子，告诉她：“你永远是爸爸妈妈的宝贝，我们永远都会爱你！”让孩子明白爸爸妈妈永远不会抛弃他。父母更要让孩子从父母的拥抱和言语中感受到坚定不移的爱，这是孩子修复心灵创伤的精神力量源泉。父母在应对此事的时候，尽量不要当着孩子的面发泄情绪和议论此事的处理方式，也不要因此事而显得紧张不安，这会使孩子感觉自己做了什么错误的事情使父母如此不开心。

七、不要“追究”孩子的责任

父母要让孩子知道，这不是他造成的错误。父母不可以责备孩子没有保护好自己，不可以以打骂受害孩子的方式发泄自己的愤怒，不可以带着孩子上门讨说法，不可以让孩子感觉到父母因此事而丢脸，这会让孩子感到失去最后的保护之地而陷入绝望的深渊。儿童遭受性侵害不是儿童自己的错误，孩子不是不洁的、肮脏的、见不得人的人，更不是家庭或家族的耻辱和不幸。性侵害是需要全社会面对的问题，任何人都不应责备、打骂受害儿童，要积极地关爱儿童，为儿童提供帮助。

八、在生活和学习上更加关心孩子

父母和老师要理解受到性侵害的孩子出现的心理创伤行为，受害孩子会出现注意力不集中、成绩下降、无心做作业等问题，这是孩子的心理创伤反应，不是孩子学习态度的问题。老师要给予受害孩子更多的宽容和关爱，耐心等待并帮助孩子从创伤中恢复。父母要与老师及时沟通孩子的心理状况，及时了解和帮助孩子。

九、及时与心理医生沟通

父母要寻求专业心理医生来帮助孩子，及时与心理医生交流孩子的状况，配合心理医生帮助孩子进行心理康复，这对孩子的心理康复非常重要。父母要带着孩子积极寻求心理医生或专业心理咨询人员的心理辅导；求助于妇联、民间妇女团体等，寻求情感支持和法律帮助。

十、及时采取措施防范孩子再次被侵害

在受害孩子转入正常的生活和学习之后，家长和学校要加强对孩子进行预防性侵害的教育，同时采取必要的防范措施，避免再次发生对孩子的性侵害，例如经常与孩子谈心、与老师交流等等。

十一、及时地向派出所或110快速报案，这是依法追究施暴者法律责任并获得司法救济的惟一正确途径

法院、公安局要对儿童尽到保护的责任，对遭遇到性侵害的儿童提供帮助，要帮助其取证，不能够让儿童反复叙述被侵害的过程，造成儿童总处于伤痛的回忆之中，造成对儿童的二次伤害。同时，要为儿童保守秘密，要把对儿童造成的伤害和不利影响降到最低的程度。

十二、注意保留与侵害相关的一切证据（多为物证，如施暴者留在受害人衣物和身体上的污物等）

家长要协助公安人员获取证据，否则证据缺失将无法对犯罪分子追究法律责任，也无法对其治罪。切记不可与侵犯者私自了结，以免拖延时间，丧失证据，难以追究施暴者的法律责任。假如，孩子在被侵害后，身体受到伤害要及时带孩子到医院就诊，并妥善保管好病历、诊断证明、伤情鉴定结论、交费单据等，以提供要求民事赔偿的证据。

家长与孩子互动过程中应遵循的原则

家长在与遭受性侵害的孩子互动的过程中要谨记以下原则：

1. 尊重孩子的情绪

要告诉孩子，谢谢她愿意相信你，告诉你，并重复向孩子保证她不会挨骂。让孩子相信你，这是基础条件。

要永远地尊重孩子的情绪，即使她的情绪在你看来不合理，也不要评价是对还是错。

2. 倾听、了解并相信孩子所说的事

孩子对性侵害的事很少说谎。倾听孩子的感受，尽量了解孩子所要表达的意见。

倾听的基本原则是，假定事先孩子并不了解自己为什么感到害怕，但是通过倾听，你可以帮助她发现产生害怕的原因，帮助她重新整理思绪，然后提出是什么样的问题，从而发现具体的根源和细节。

在这种情况下，家长不要逼问或催促孩子，一定要用足够的耐心对待孩子，必要时，还可以让孩子用绘画或书写的方式将自己的情绪表达出来。

3. 接纳和理解孩子

对于孩子的感受，家长得表达出你的认同，孩子有权利去体验自己的感受。不要对孩子说：“不要怕，这个有什么好怕的，有爸爸妈妈在。”或者说：“没关系的，等你长大了就不怕了。”你不需要帮她脱离恐惧情绪的困境，恢复原状，更不要替她去解决问题。要表示对她的尊重，不要强迫她说一些细节，并表示你不会告诉任何无关紧要的人。

告诉孩子，你很庆幸她能在受到的侵害中生存下来，并且肯定其处理受害事件的做法是当时所有选择中最好的方法。

4. “我也是”的方法

告诉孩子类似的事也常发生在其他小孩身上，她不是唯一的。

5. 让孩子接受医生的检查，保留医疗或法律上需要的证明

（1）保存受害的证据。

（2）安排孩子至医院检查、治疗。

（3）带孩子接受心理辅导，让大家一起参与孩子心理复原的过程，将有利于孩子正是受性侵害的事实，并得到应有的辅导。

第五章 用法律的武器保护自己

世界各国对性侵案件的法律规定和惩治防范方法

如何保护女孩免受性侵害是世界各国都关注的问题。很多国家都对性侵儿童犯罪有明确的法律规定，并采取非常严厉的惩治手段，而且，有有效的预防方法和性教育措施。

一、日本

在日本，为了保护女孩远离性侵害，日本的《刑法》《儿童福利法》以及《儿童买春与儿童色情禁止法》都有相关的刑事处罚规定。首先，根据日本《刑法》相关条款规定，只要与未满13岁的儿童发生性行为即构成强奸罪；其次，根据《日本儿童福利法》规定，让18岁以下的儿童进行淫乱行为的人将面临处罚10年以下有期徒刑或300万日元以下的罚款，亦或两项并罚。

此外，日本还于1999年颁布并实施了《儿童买春与儿童色情禁止法》。根据该法规定，以支付报酬或约定支付的形式与未满18岁的儿童进行性行为或对其猥亵都将被视作“儿童买春”行为，对这种行为的处罚是5年以下的有期徒刑或500万日元以下罚款，也可能是两项并罚。

也就是说，在日本只要有成年人与未满18岁的儿童进行淫乱行为，不管存不存在金钱往来，都将面临刑事处罚。

日本社会上还存在着一种叫做“援助交际”的现象，多为初高中女生以金钱目的与成年男性进行性交易。但在《儿童买春与儿童色情禁止法》保护下，只要儿童一方不进行公开劝诱，原则上就会被视为“受害者”，而并不会受到处罚。

日本开通热线电话及网络鼓励民众投诉，重视对受害儿童的心理疏导及保护。自2007年起，日本警察厅委托一些民间组织开通“匿名通报热线电话”，鼓励市民打电话匿名投诉儿童受虐待的案件，以期对受害儿童尽早采取保护措施，帮助受害儿童恢复身心健康，以及为警察破案提供线索。

此外，地方政府制定条例应对一些虽不构成犯罪但对孩子权益构成侵犯的行为。条例规定，“哄骗引诱及设法接近未成年人的行为”属于“令儿童感到不安”和“胁迫幼童”的行为，对此进行严格管制。最后，当地政府还会派专家到学校召开有关防性侵的讲座，增强未成年学生及家长的保护意识。

二、韩国

在韩国，近年来多次出现儿童遭受性侵犯并严重受伤的案件，甚至出现过一名罪犯连续性侵多名儿童并散布受害者照片和视频的事件。因此，韩国政府连续提高针对儿童性侵犯罪行的惩戒力度。2009年，韩国宣布将儿童性侵犯罪的最高刑期从15年提高到30年，此后更进一步提高到50年。而从2013年6月19日开始，针对儿童和青少年的强奸犯罪最高刑期进一步升级到无期徒刑，同时不得假释，这在已经实际废除死刑的韩国来说已经是最高刑罚。

此外，除量刑从重之外，韩国还是亚洲第一个引入“化学阉割”的国家。所谓化学阉割主要是指通过注射雌性激素和抗抑郁药物，降低性冲动。作为减刑假释条件，对恋童癖罪犯实施药物治疗。2011 年 7 月，韩国开始实施“化学阉割法”。2013 年 1 月 3 日，韩国南部地方法院对一名被控性侵 5 名女童的罪犯做出了“化学阉割”3 年的判决，除此之外，这名罪犯还被判 15 年有期徒刑，出狱后还要佩戴可识别行踪的电子脚环生活 20 年。电子脚环是韩国对暴力犯罪人员采取的强制手段，犯人即使刑满出狱，也须佩戴电子脚环，以便受到跟踪管制。在韩国，对于性暴力罪犯佩戴电子脚环的年限最长达 30 年。

三、美国

美国在儿童性侵犯罪问题上是立法与教育并举，在立法方面，美国许多州都将侵犯儿童列为高危险犯罪者，多个州法律规定，只要与 14 岁以下的儿童发生性关系，无论是否出于自愿，一律按强奸罪处理，甚至有五个州允许对强奸幼童者判处死刑。另外，为了避免这些罪犯在出狱后再危害社会，1996 年 5 月 17 日，克林顿总统签署了“梅根”法案，随后该法案在美国各州普及开来。《梅根法案》规定：性侵儿童的犯罪分子在刑满释放后，不得居住在幼儿园直至高中校园半英里以内，而且无论迁居到美国任何地方，都要到当地警察局注册备案。美国约有 35 个州设立了性犯罪名单的网站，大部分都有照片和个人信息，向社会披露。警方会录取强奸犯的指纹、气味和 DNA 等资料，并永远存档保留。强奸犯出狱后，他所在社区的警方还会将其照片、住址、外貌特征等个人信息放到网上以供读取，提醒公众留意防范。2004 年国会又通过了《梅根法案》的修正案，要求性侵儿童的罪犯在假释期间须佩戴手腕警告标志和电子追踪器，并规定若一个人曾经犯案两次以上，出狱后还必须每 3 个月前往警方接受一次问询，甚至胡须、发型等体貌特征有所改变时，也必须及时向警方报告。

在教育方面，美国在公共教育系统也不断强调普及防性侵知识，每个孩子在入园、入学的时候校方都会给一个书面材料，其中就有涉及这方面的知识。与此同时，校方对于老师等教育工作者的规范更为严格，甚至明令老师不能跟学生有任何的肢体接触。

四、英国

在英国，对女孩性侵案件也时有发生，特别是英国广播公司前主持人萨维尔性侵未成年人案被曝光之后，又有多起名人性侵儿童的案件被查出。根据英国全国防止虐待儿童协会公布的数据，在英格兰和威尔士地区，大约每四名青年当中就有1人曾经在童年时期遭到过同龄人或年长者的性侵，近一成11～17岁的未成年人在过去一年里遭到过性侵，其中比例最高的是15～17岁的少女。

面对如此严重的情况，英国政府在保护儿童方面出台了明确的法律法规，十分细致，并随时代发展不断更新。英国法律要求对儿童施行的强行性行为不得辩护其经过儿童的允许。针对13岁以下儿童的性交一律视为强奸行为。为达到个人目的与儿童进行性行为、“建议”或怂恿儿童参与性行为人将被起诉。

法律规定对13岁以下儿童实施强奸行为的将被处6年至19年监禁，情节严重者甚至会被处以终身监禁；对13岁以下儿童实施性骚扰行为的将被处以警告并最高被判处14年监禁；导致和教唆13岁以下儿童参与性行为的将被判处1～17年监禁；在有儿童在场的情况下进行性行为或导致儿童观看到性行为的将处警告或6年监禁，最高可处10年监禁。根据新的办案程序和行为守则，如果一个涉嫌性侵青少年的人没有被正式起诉，那么一个特别委员会将负责调查不起诉的决定是否有误。

此外，英国政府还在着手对网络色情，尤其是对性虐儿童的内容进行限制。英国政府组织了包括雅虎、谷歌、微软、脸书、推特、英国电话公司等互联网服务商的代表在首相府开会，讨论限制网络性虐儿童图像和限制儿童浏览网络色情内容的问题。

性教育不仅仅讲述男孩女孩青春期身体和心理的变化，还着重普及预防保护教育，并将其纳入教育计划中。这方面的教育主要是应付性骚扰的对策和技巧以及在危急关头如何自救或寻求帮助。英国把性教育排进课程表，根据“国家必修科学课程”的具体规定来进行教育。女孩从 5 岁开始，就在学校接受有关防止性侵犯的课程。

五、德国

在德国，法律对于性侵儿童的定义，不仅指成人与儿童身体私密部位发生直接接触，非身体接触的行为同样属于儿童性侵范畴，如向孩子裸露性器官，展示或者与其一起观看黄书、黄片，拍摄和传播儿童黄片等。法律规定，14 岁以上的成年人或青少年，对未满 14 岁的儿童有上述行为，无论是否自愿均属于性侵，要受到刑法制裁。而德国刑法会根据情节轻重对实施性侵的犯罪分子处以半年至十年有期徒刑，情节十分严重的将被判处十年以上监禁。

在惩治强奸女孩犯上，德国恐怕是欧洲最为严格的。心理学家研究证明，很多犯有强奸罪的罪犯在被释放后都没有真正改过自新，还会第二次、第三次走上同样的犯罪道路。单靠刑罚，难以阻挡犯罪。有鉴于此，德国允许性犯罪者自愿选择是否通过外科手术进行“化学阉割”。

德国政府更重视如何防范儿童遭受性侵，主要可分为三个方面：政府和民间组织发起的大规模宣传活动、幼儿园与学校的启蒙教育和家长对幼童的教育。德国联邦刑事警察局就曾携手州级警方和民间受害人协会，一同发起了预防儿童性侵的大型宣传活动，通过宣传，进一步引起社会各方对儿童遭性侵的关注，让父母、监护人和每一位成年人，包括老师、教练、邻居和朋友，都具备一定的预防儿童遭性侵的常识，共同来保护未成年人，同时，政府也鼓励受害人起诉，用法律手段将罪犯绳之以法。告诉他们如何防范、觉察孩子遭到性侵，如何帮助遭到性侵的孩子，如何对其进行心理辅导，如何报案，以及如何进行起诉程序。

德国幼儿园和小学的做法值得借鉴。在幼儿园里，从孩子5岁开始，老师通过念故事的方式，进行最初的启蒙教育，介绍一些最基本的概念，告诉孩子各个身体部位的名称，人有哪些喜怒哀乐，教育孩子不能跟着陌生人走，不能告诉陌生人自己的姓名，更不能相信他们的花言巧语，告诉孩子坏人有哪些惯用的伎俩。

德国小学四年级的时候，对孩子们进行生理卫生教育，会涉及有关性的各个方面，打破性的禁忌。联邦教育局有统一的教材，共三本，一本讲解专业词汇、一本故事书和一本小册子。老师还在课堂上分发阅读材料，设有讨论课和课后作业，请当地医院的助产士和女士谈月经、生产等题目，回答孩子们的提问。

类似的教育也可以在家庭里进行，德国书店里、官方网站上都能找到相关的文章，非常详细，有对各个条目的具体解释，有给家长的，也有给孩子的。这些浅显易懂的儿童画册很受家长青睐，有的再版十多次。这些画册图文并茂地告诉孩子，人类有着丰富的情感，会与自己喜欢的人有肢体接触。每个孩子都是独立的个体，应该有自己的直觉、感受和判断，可以欣然接受，也可以拒绝任何的身体接触，无论对象是陌生人、长辈、亲戚、朋友、客人，还是老师和教练，孩子有权利对任何人说：“不，我不喜欢你亲近我。”这与礼貌和教养无关，每个人的身体只属于自己。只要自己感觉不舒服，都有权利对一个看起来很友善、很关心自己，对自己很重要的人保持距离，甚至大胆清楚地告诉对方说：

“我不愿意。”

这些画本读物很可爱，有的上面还有练习题，设置不同的场景，让孩子从三种选择题里自己先做判断，书后有正确答案和解释可供参考和学习。这种读物意在培养孩子的自信和独立，胆量是练出来的，远离觉得不安全或者感觉怪怪的人和事，是幼童们保护自己的第一步。德国有专门机构提供免费的热线电话，由专家给予咨询和讲解，也有机构提供有关的培训课，鼓励母女一起参加，有系统地训练孩子和母亲大胆说不，如何解决尴尬的场面，如何培养胆量和自信。

在德国，对孩子的教育和指引不仅来自家庭，而且是无处不在，可以发生在任何场景。比如，一个小女孩去例行检查身体，和蔼可亲的医生伯伯会对她说：“我现在要检查你的小肚皮了，你的小裤裤可以穿着，别的衣服要脱掉，记住，这种检查只能是医生做，并且得当着你妈妈的面才能做，换个人或者换个地方，都不可以，懂了吗？”

六、瑞士

瑞士注重通过普及知识和提前预防对儿童进行保护，避免他们受到性侵犯的伤害。例如，瑞士儿童保护协会发起过一项针对小学生的防止性侵害教育活动。这项活动的主题是“我的身体属于我”，主要以互动展览的形式向孩子们说明什么是性侵害，与异性接触应该掌握的分寸等问题，同时让他们知道在遭受性侵害的时候应该怎样求助。这项活动的教育对象除小学生外，还包括老师和家长，因为他们对小学生的健康成长发挥着至关重要的作用。

此外，瑞士在法律制定上也给予受性侵儿童相应的关怀。在2013 年以前，瑞士联邦法律规定一旦年满 25 岁，性侵受害人就丧失了拿起法律武器捍卫自己权利的机会。然而，据统计相当大比例的儿童性侵事件来自儿童身边的成人或家庭内部的成人，出于对这些成人在精神和经济上的依赖，这些无助的儿童往往不敢说出真相。不过，2013 年生效的新法律规定，对不满 12 岁儿童进行性侵或者色情犯罪的诉讼，将不再有时限约束，他们可以随时将犯罪者绳之以法，让受害儿童永远都有开口的机会。

七、法国

在法国，发现有未成年人受到猥亵或性侵的情况下，任何人都可以向司法机关申请对当事人实施司法保护。如果受害人不到 15 岁，知情者甚至必须向司法机关举报。知情不报也是犯罪，会被处以 3 年监禁和 4．5 万欧元的罚款。

在受到猥亵或性侵的情况下，未成年人本人也可以起诉。在未成年人申请司法保护或提起诉讼之后，法官会采取必要措施从身体、心理和感情等方面保护当事人的安全，避免使其受到更多伤害。

性侵案件的量刑从 1 年到 20 年不等，比如裸露癖可获刑 1 年，强奸罪则要被判 20 年监禁。鉴于受害人是未成年人，量刑会加重。

法国法律不仅仅严禁对未成年人进行各种形式的性侵，同时也对中小学校规定了有关性教育的制度。这里所指并非生物学带来的知识，而是一种自我防范意识，以及对该现象正确的处理方法。在法国，你随便进入一家书店，都可找到有关性教育的书籍，根据不同的内容所针对的对象是家长、不同年龄的孩子。

为了尽可能地避免小学生在校受到不同程度的性侵犯，国家政策早已规定所有中小学每年必须安排或多或少有关于性教育的课程。参与这项工作的人员职业分别是生物老师（不一定是本校在职老师)、学校医护人员、校长、幼儿心理学专家、专业儿童性教育人士（通常是公益组织）以及家庭代表。目的就是让广泛的学生尽早地接触到相关知识和创建自我保护意识。我们都知道近年来小孩成熟得越来越早，性教育方面当然也不例外。法国不会认为这是未成年人不应该接触的信息，而是针对每个年龄段的孩子寻找与他们最适合的沟通方式及方法。用孩子们可以懂得并理解的方式来展现有关知识与必要拥有的自我保护意识。因此，年龄越小的孩子越需要用非文字的形式来展开话题，他们对这方面的理解还很模糊且不感兴趣，有关部门必须先抓住孩子的兴趣点才能够有效地传达消息。通常会把有关知识简易同时卡通化，这样能够增加孩子们的关注也方便于理解。然而在此阶段，重点并非让这些幼小的孩子们懂得里面的具体知识，而是增强他们对此事的认知，知道如何判断什么是伤害。整个过程使用非常具有娱乐性质的气氛，创建一种互动关系。

我国有关性侵案件的法律规定

中国性侵女童案件频发，与法律的不完善和执法尺度过于宽松有一定关系。我国的《刑法》《未成年人保护法》对针对未成年人的性犯罪做了明确规定，然而与国外刑法相比，刑法第236条关于强奸罪的规定对此类犯罪的处罚明显过轻，尤其前几年刑法第360条新增的嫖宿幼女罪，由于把原本的强奸行为辩解为嫖娼，更被普遍认为是对性侵女童犯罪大开绿灯，让原本薄弱的女童保护雪上加霜。

2013年，教育部、公安部、共青团中央和全国妇联四部委联合出台《关于做好预防少年儿童遭受性侵工作的意见》（下简称《意见》），要求各地教育部门和寄宿制学校对女生宿舍实行封闭式管理，要通过课堂教学、编发手册等形式开展性知识教育，教育女学生了解预防性侵犯的知识，遭遇性侵犯后懂得如何寻求帮助。

但目前，我国义务阶段的防性侵教育还止步不前。这并非因为地方政府或教育系统工作人员抵制、不赞同儿童安全教育，而正是因为缺少自上而下的权威教案和标准，使得地方试图推进《意见》落实却无从着手。

尽管《意见》明确指出“要通过课堂教学、编发手册等形式开展性知识教育，教育女学生了解预防性侵犯的知识，遭遇性侵犯后懂得如何寻求帮助”，显示了国家层面对保护未成年人的高度重视，但目前它在地方实践中未能得到很好的落实。

打击性侵儿童犯罪，通过法律手段固然重要，但也是不够的。家长应该告诉孩子如何更好地保护自己。要把孩子的安全放在首位，特别要教育孩子树立防性侵意识，有效识别风险，提高孩子的风险防范能力。

我国法律规定的以女孩为被害人的性侵害类型包括：

一、强奸罪

1．法条规定

刑法第二百三十六条规定：

以暴力、胁迫或者其他手段强奸妇女的，处三年以上十年以下有期徒刑。

奸淫不满十四周岁的幼女的，以强奸罪论，从重处罚。

强奸妇女、奸淫幼女，有下列情形之一的，处十年以上有期徒刑、无期徒刑或者死刑：

（一）强奸妇女、奸淫幼女情节恶劣的。

（二）强奸妇女、奸淫幼女多人的。

（三）在公共场所当众强奸妇女的。

（四）二人以上轮奸的。

（五）致使被害人重伤、死亡或者造成其他严重后果的。

2．法律分析

强奸行为的犯罪对象是妇女，包括不满十八周岁的女孩。由于强奸行为对不满十四周岁的女孩伤害更大，幼女更需要保护，因此法律规定，奸淫不满十四周岁的幼女的，从重处罚。

法律对奸淫幼女的行为手段没有限制。不管是不是采取了暴力、胁迫或者其他手段，也不管幼女是否自愿，也不问行为人是否明知对方是不满 14 周岁的幼女，即不论行为人采取何种手段，幼女是否同意，只要与幼女发生性关系，则构成犯罪。同时只要双方生殖器接触，就认定为既遂。但作为例外规定，2006 年 1 月实施的《最高人民法院关于审理女孩刑事案件具体应用法律若干问题的解释》第六条规定："已满十四周岁不满十六周岁的人偶尔与幼女发生性行为，情节轻微、未造成严重后果的，不认为是犯罪。"

法律规定了强奸不满十四周岁的幼女应从重处罚，对于已满十四周岁不满十八周岁的未成年女性则没有做出特别的规定，只是按照一般的强奸罪定罪处罚。对这部分女孩在行为方式上是采取暴力、胁迫以及其他使被害妇女不能抗拒的手段违背其意志而与其发生性关系。一般强奸罪的既遂标准是插入说，即以两性生殖器官是否结合作为判断既遂和未遂的标准。

实践中发生过智力障碍的女孩被强奸的案件。对于已满十四周岁不满十八周岁的智力障碍的女性女孩，如果明知其智力障碍、不能充分认识自己的行为，行为人具有奸淫的目的，即使女孩同意与其性交的，仍然构成强奸罪。

同时与女性女孩有教养关系、抚养关系和其他从属关系的人，利用特定的关系而迫使女孩就范的，仍然可以构成强奸罪。例如生父或者养父以虐待、克扣生活费、家长权威等迫使生女或者养女容忍其奸淫的；老师以权威而使女学生被迫同意性交的行为，都属于强奸行为。

二、强制猥亵、侮辱妇女罪和猥亵女孩罪

1. 法条规定

《刑法》第二百三十七条规定：

以暴力、胁迫或者其他方法强制猥亵妇女或者侮辱妇女的，处五年以下有期徒刑或者拘役。

聚众或者在公共场所当众犯前款罪的，处五年以上有期徒刑。

猥亵女孩的，依照前两款的规定从重处罚。

该条规定的罪名是强制猥亵、侮辱妇女罪和猥亵女孩罪。

2. 法律分析

强制猥亵、侮辱妇女罪的犯罪对象是已满十四周岁的女性，包括已满十四周岁不满十八周岁的未成年女性。该罪的行为手段是暴力、胁迫或者其他使被害女性不能反抗或者不敢反抗的方法，猥亵通常是指奸淫以外为满足行为人的性欲等心理而实施的有碍身心健康的性侵犯行为。侮辱是指有损女性人格的行为，如强行亲吻、搂抱、在公共场所故意向妇女显露生殖器或者用生殖器顶擦妇女身体等行为。

猥亵女孩罪的犯罪对象是不满十四周岁的女孩，包括男童和女童。猥亵女孩在实践中一般表现为抠摸女孩生殖器官或者让女孩为其手淫等行为。法律对于猥亵女孩的规定没有行为手段的限制，不管行为人采取殴打、威胁等强制手段，还是采取欺骗、引诱等非强制手段或者其他手段，都可以构成猥亵女孩罪。

由以上罪名可以看出，刑法没有对猥亵已满十四周岁不满十八周岁的男性女孩做出规定。对此 2006 年的《治安管理处罚法》做了补充规定，该法第四十四条规定：“猥亵他人的，或者在公共场所故意裸露身体，情节恶劣的，处五日以上十日以下拘留；

猥亵智力残疾人、精神病人、不满十四周岁的人或者有其他严重情节的，处十日以上十五日以下拘留。”《治安管理处罚法》中对被猥亵人的年龄和性别没有区分。因此所有被猥亵的女孩（包括已满十四周岁不满十八周岁的女孩）都能够得到《治安管理处罚法》的保护。但是应当指出的是，《治安管理处罚法》的保护力度远远不如《刑法》规定的猥亵女性女孩的保护力度。

三、与女孩有关的卖淫类犯罪

1. 法条规定及法律分析

我国刑法规定的与女孩有关的卖淫类犯罪有：

刑法第三百五十八条规定：

组织他人卖淫或者强迫他人卖淫的，处五年以上十年以下有期徒刑，并处罚金；有下列情形之一的，处十年以上有期徒刑或者无期徒刑，并处罚金或者没收财产：

（一）组织他人卖淫，情节严重的；

（二）强迫不满十四周岁的幼女卖淫的；

（三）强迫多人卖淫或者多次强迫他人卖淫的；

（四）强奸后迫使卖淫的；

（五）造成被强迫卖淫的人重伤、死亡或者其他严重后果的。

有前款所列情形之一，情节特别严重的，处无期徒刑或者死刑，并处没收财产。

协助组织他人卖淫的，处五年以下有期徒刑，并处罚金；情节严重的，处五年以上十年以下有期徒刑。

刑法的该条规定确立了三个罪名：组织卖淫罪、强迫卖淫罪和协助组织卖淫罪。这三个罪的犯罪对象都可以为不满十八周岁的女孩，一般为女性女孩（女童），但是法律也没有将男性女孩（男童）排除在外。出于对不满十四周岁幼女的特殊保护，刑法规定强迫不满十四周岁的幼女卖淫属于法定的加重处罚情节。

刑法第三百五十九条规定：

引诱、容留、介绍他人卖淫的，处五年以下有期徒刑、拘役或者管制，并处罚金；情节严重的，处五年以上有期徒刑，并处罚金。

引诱不满十四周岁的幼女卖淫的，处五年以上有期徒刑，并处罚金。

该条规定了引诱、容留、介绍卖淫罪和引诱幼女卖淫罪。引诱、容留、介绍卖淫罪的犯罪对象可以包括不满十八周岁的女孩，法律没有明确将不满十八周岁的男性女孩排除在外。但是在引诱幼女卖淫的情况下，犯罪对象只能是不满十四周岁的幼女。

刑法第三百六十条规定：

明知自己患有梅毒、淋病等严重性病卖淫、嫖娼的，处五年以下有期徒刑、拘役或者管制，并处罚金。

嫖宿不满十四周岁的幼女的，处五年以上有期徒刑，并处罚金。

该条规定了传播性病罪和嫖宿幼女罪。法律加强了对幼女的保护，针对嫖宿幼女的行为做出了专门的规定。

刑法第三百六十一条规定：

旅馆业、饮食服务业、文化娱乐业、出租汽车业等单位的人员，利用本单位的条件，组织、强迫、引诱、容留、介绍他人卖淫的，依照本法第三百五十八条、第三百五十九条的规定定罪处罚。

该条规定了相关单位人员实施卖淫相关犯罪的定罪和处罚。

与女孩有关的卖淫类犯罪严重伤害女孩身心，而犯罪人又可以获得巨大利益。大部分被强迫卖淫、引诱卖淫的女孩即使在获救后也留下了巨大的创伤，有的会采取极端的自杀方式了结痛苦，有的精神失常不能再过正常的生活。

四、与女孩有关的色情制品犯罪

刑法第三百六十七条明确界定了淫秽物品：是指具体描绘性行为或者露骨宣扬色情的诲淫性的书刊、影片、录像带、录音带、图片及其他淫秽物品。

第三百六十三条规定：

以牟利为目的，制作、复制、出版、贩卖、传播淫秽物品的，处三年以下有期徒刑、拘役或者管制，并处罚金；情节严重的，处三年以上十年以下有期徒刑，并处罚金；情节特别严重的，处十年以上有期徒刑或者无期徒刑，并处罚金或者没收财产。

为他人提供书号，出版淫秽书刊的，处三年以下有期徒刑、拘役或者管制，并处或者单处罚金；明知他人用于出版淫秽书刊而提供书号的，依照前款的规定处罚。

该条规定了以下罪名：制作、复制、出版、贩卖、传播淫秽物品牟利罪，为他人提供书号出版淫秽书刊罪，出版淫秽物品牟利罪。

这三个罪的成立均以牟利为目的。2006 年的《治安管理处罚法》第六十八条对此做了补充规定，第六十八条规定："制作、运输、复制、出售、出租淫秽的书刊、图片、影片、音像制品等淫秽物品或者利用计算机信息网络、电话以及其他通讯工具传播淫秽信息的，处十日以上十五日以下拘留，可以并处三千元以下罚款；情节较轻的，处五日以下拘留或者五百元以下罚款。"

第三百六十四条规定：

传播淫秽的书刊、影片、音像、图片或者其他淫秽物品，情节严重的，处二年以下有期徒刑、拘役或者管制。

组织播放淫秽的电影、录像等音像制品的，处三年以下有期徒刑、拘役或者管制，并处罚金；情节严重的，处三年以上十年以下有期徒刑，并处罚金。

制作、复制淫秽的电影、录像等音像制品组织播放的，依照第二款的规定从重处罚。

向不满十八周岁的女孩传播淫秽物品的，从重处罚。

该条规定了两个罪名：传播淫秽物品罪和组织播放淫秽音像制品罪。同时明确指出对向不满十八周岁的女孩传播淫秽物品是从重处罚的情节。

第三百六十五条规定：

组织进行淫秽表演的，处三年以下有期徒刑、拘役或者管制，并处罚金；情节严重的，处三年以上十年以下有期徒刑，并处罚金。

该条规定了组织淫秽表演罪，行为人可能组织不满十八周岁的女孩（男性和女性）进行淫秽表演。

法律除了对向未满十八周岁的女孩传播淫秽物品行为规定从重处罚外，对于其他可能以女孩为犯罪对象的色情制品犯罪没有规定从重处罚。

性侵害案件未成年被害人在诉讼中的权利

由于性侵害案件未成年被害人在刑事诉讼中的重要地位，其依法享有以下诉讼权利：

1. 委托诉讼代理人的权利

法律分析：

公诉案件自人民检察院收到移送审查起诉的案件材料之日3日起，自诉案件人民法院自受理自诉案件之日3日起，被害人及其法定代理人有权委托诉讼代理人，人民检察院和人民法院也应依法通知被害人及其法定代理人有此权利。

法条规定：

《刑事诉讼法》第四十条规定：“公诉案件的被害人及其法定代理人或者近亲属，附带民事诉讼的当事人及其法定代理人，自案件移送审查起诉之日起，有权委托诉讼代理人。自诉案件的自诉人及其法定代理人，附带民事诉讼的当事人及其法定代理人，有权随时委托诉讼代理人。人民检察院自收到移送审查起诉的案件材料起3日以内，应当告知被害人及其法定代理人或者近亲属、附带民事诉讼的当事人及其法定代理人有权委托诉讼代理人。人民法院自受理自诉案件之日起3日以内，应当告知自诉人及其法定代理人、附带民事诉讼的当事人及其法定代理人有权委托诉讼代理人。”

2. 申请法律援助的权利

法律分析：

未成年被害人及其法定代理人申请法律援助的时间为：检察机关自收到移送审查起诉的案件材料之日起，人民法院受理自诉案件之日起。

条件：因经济困难没有委托诉讼代理人。

司法机关的告知义务：公诉案件人民检察院自收到移送审查起诉的案件材料之日起3日内，自诉案件人民法院自受理自诉案件之日起3日内，应当告知被害人及其法定代理人如果经济困难，可以向法律援助机构申请法律援助。

提交申请的法律援助机构：办理案件的公安机关、人民检察院、人民法院所在地的法律援助机构。

对法律援助机构不予援助决定的异议权：对不予援助的通知有异议的，可以向确定该法律援助机构的司法行政部门提出。

法条规定：

2003年《法律援助条例》第十一条规定：“刑事诉讼中有下列情形之一的，公民可以向法律援助机构申请法律援助……（二）公诉案件中的被害人及其法定代理人或者近亲属，自案件移送审查起诉之日起，因经济困难没有委托诉讼代理人的；（三）自诉案件的自诉人及其法定代理人，自案件被人民法院受理之日起，因经济困难没有委托诉讼代理人的……”第十九条规定：

“申请人对法律援助机构作出的不符合法律援助条件的通知有异议的，可以向确定该法律援助机构的司法行政部门提出，司法行政部门应当在收到异议之日起5个工作日内进行审查，经审查认为申请人符合法律援助条件的，应当以书面形式责令法律援助机构及时对该申请人提供法律援助。”

2005年实施的《最高人民法院、最高人民检察院、公安部、司法部关于刑事诉讼法律援助工作的规定》第二条规定：“犯罪嫌疑人，公诉案件中的被告人，公诉案件中的被害人及其法定代理人或者近亲属，以及自诉案件中的自诉人及其法定代理人，因经济困难没有聘请律师或者委托诉讼代理人的，可以向办理案件的公安机关、人民检察院、人民法院所在地的法律援助机构申请法律援助。”第四条规定：“……人民检察院自收到移送审查起诉的案件材料之日起3日内，在告知犯罪嫌疑人有权委托辩护人的同时，应当告知其如果经济困难，可以向法律援助机构申请法律援助；在告知被害人及其法定代理人或者其近亲属有权委托诉讼代理人的同时，应当告知其如果经济困难，可以向法律援助机构申请法律援助。……人民法院自受理自诉案件之日起3日内，在告知自诉人及其法定代理人有权委托诉讼代理人的同时，应当告知其如果经济困难，可以向法律援助机构申请法律援助。”第八条规定：“申请人对法律援助机构不予援助的决定有异议的，可以向确定该法律援助机构的司法行政部门提出。司法行政部门应当在收到异议之日起5个工作日内进行审查，经审查认为申请人符合法律援助条件的，应当以书面形式责令法律援助机构及时对该申请人提供法律援助，同时通知申请人。认为申请人不符合法律援助条件的，应当维持法律援助机构不予援助的决定，并将其维持决定及理由书面告知申请人。”

3. 申请回避以及复议的权利

法律分析：

未成年被害人及其法定代理人在刑事诉讼过程中，如果发现案件的审判人员、检察人员、侦查人员以及书记员、翻译人员和鉴定人同案件存在法定情形的利害关系，可能影响对案件的公正处理的，为了保证获得公正的对待，有权要求这些人员回避。如果申请回避被驳回，还有申请复议的权利。

法条规定：

《刑事诉讼法》第二十八条规定："审判人员、检察人员、侦查人员有下列情形之一的，应当自行回避，当事人及其法定代理人也有权要求他们回避：（一）是本案的当事人或者是当事人的近亲属的；（二）本人或者他的近亲属和本案有利害关系的；（三）担任过本案的证人、鉴定人、辩护人、诉讼代理人的；（四）与本案当事人有其他关系，可能影响公正处理案件的。"第三十条规定："……对驳回申请回避的决定，当事人及其法定代理人可以申请复议一次。"第三十一条规定："本法第二十八条、第二十九条、第三十条的规定也适用于书记员、翻译人员和鉴定人。"

4. 了解审查逮捕、审查起诉等案件进展情况的权利

法律分析：

未成年被害人作为刑事诉讼中的一方当事人，有权了解案件的进展情况。案件进展不仅包括在法庭审理阶段，在审查起诉阶段也可以要求检查机关对审查逮捕、审查起诉等进展情况进行告知，并要求其对有关情况作出说明。

法条规定：

2006 年 12 月通过的《最高人民检察院办理女孩刑事案件的

规定》第三条规定："……人民检察院办理女孩刑事案件，可以应犯罪嫌疑人家属、被害人及其家属的要求，告知其审查逮捕、审查起诉的进展情况，并对有关情况予以说明和解释。"

5．对案情陈述的权利

法律分析：

性侵害案件中未成年被害人作为一方重要的当事人，其陈述对于案件的顺利进展具有重要作用。如果这类案件中其他证据很少，未成年被害人的陈述更具有重要作用。未成年被害人有权对于了解的案件情况作出陈述。如果司法人员或者其他相关人员对于未成年被害人是否能够正确表达有异议，也不能剥夺其作出陈述的权利，应当依法进行审查或者鉴别。

法条规定：

《刑事诉讼法》第四十二条规定："证明案件真实情况的一切事实，都是证据。证据有下列七种：……（三）被害人陈述；……"第四十八条规定："凡是知道案件情况的人，都有作证的义务。生理上、精神上有缺陷或者年幼，不能辨别是非、不能正确表达的人，不能作证人。"第四十三条规定："审判人员、检察人员、侦查人员必须依照法定程序，收集能够证实犯罪嫌疑人、被告人有罪或者无罪、犯罪情节轻重的各种证据。……必须保证一切与案件有关或者了解案情的公民，有客观地充分地提供证据的条件，除特殊情况外，并且可以吸收他们协助调查。"

《公安机关办理刑事案件程序规定》第五十四条规定："凡是知道案件情况的人，都有作证的义务。生理上、精神上有缺陷或者年幼，不能辨别是非，不能正确表达的人，不能作证人。对于证人能否辨别是非，能否正确表达，必要时可以进行审查或者鉴别。"

6. 不予立案时被通知和复议的权利

法律分析：

女孩遭受性侵害后，如果女孩和其法定代理人向其公安机关控告，公安机关作出不予立案决定后应当通知控告人并在7日内送达控告人。控告人如果不服，可以向作出决定的公安机关申请复议。决定的公安机关审查后应当将复议结果通知控告人。

法条规定：

《刑事诉讼法》第八十六条规定：“人民法院、人民检察院或者公安机关对于报案、控告、举报和自首的材料，应当按照管辖范围，迅速进行审查，认为有犯罪事实需要追究刑事责任的时候，应当立案；认为没有犯罪事实，或者犯罪事实显著轻微，不需要追究刑事责任的时候，不予立案，并且将不立案的原因通知控告人。控告人如果不服，可以申请复议。”

1998年《公安机关办理刑事案件程序规定》第一百六十三条规定：“对于有控告人的案件，决定不予立案的，公安机关应当制定《不予立案通知书》，在7日内送达控告人。控告人对不立案决定不服的，可以在收到《不予立案通知书》后7日内向原决定的公安机关申请复议。原决定的公安机关应当在收到复议申请后10日内作出决定，并书面通知控告人。”

7. 向检察院提出要求立案的权利

法律分析：

如果公安机关对于性侵害案件不予立案，未成年被害人及其法定代理人认为应当立案侦查，可以向人民检察院提出。

法条规定：

《刑事诉讼法》第八十七条规定：“人民检察院认为公安机关对应当立案侦查的案件而不立案侦查的，或者被害人认为公安机关对应当立案侦查的案件而不立案侦查，向人民检察院提出的，人民检察院应当要求公安机关说明不立案的理由。人民检察院认为公安机关不立案的理由不能成立的，应当通知公安机关立案，公安机关接到通知后应当立案。”

8. 提起自诉的权利

法律分析：

如果向公安机关控告、向检察院提出要求公安机关立案后，公安机关和检察院仍然不予追究，而未成年被害人有证据能够证明被告对自己实施了性侵害应当被追究刑事责任，有权向人民法院起诉。

法条规定：

《刑事诉讼法》第八十八条规定：“对于自诉案件，被害人有权向人民法院直接起诉。被害人死亡或者丧失行为能力的，被害人的法定代理人、近亲属有权向人民法院起诉。人民法院应当依法受理。”《刑事诉讼法》第一百七十条规定：“自诉案件包括下列案件：……（三）被害人有证据证明对被告人侵犯自己人身权利、财产权利的行为应当依法追究刑事责任，而公安机关或者人民检察院不予追究被告人刑事责任的案件。”

9. 检察机关作出不起诉决定后被告知和申诉的权利

法律分析：

如果公安机关对于案件作出不起诉决定后，未成年被害人有权被告知并被送达不起诉决定书。如果被害人不服，有权在收到决定书7日内向上一级检察院申诉，接受申诉的检察院应将复查决定告知被害人。

法条规定：

《刑事诉讼法》第一百四十五条规定：“对于有被害人的案

件，决定不起诉的，人民检察院应当将不起诉决定书送达被害人。被害人如果不服，可以自收到决定书后 7 日以内向上一级人民检察院申诉，请求提起公诉。人民检察院应当将复查决定告知被害人。对人民检察院维持不起诉决定的，被害人可以向人民法院起诉。被害人也可以不经申诉，直接向人民法院起诉。人民法院受理案件后，人民检察院应当将有关案件材料移送人民法院。”

10. 案件不公开审理的权利

法律分析：

由于女孩遭受性侵害的案件涉及到个人隐私，因此未成年被害人及其法定代理人可以要求不公开审理。

法条规定：

《刑事诉讼法》第一百五十二条规定：“人民法院审判第一审案件应当公开进行，但是有关国家秘密或者个人隐私的案件，不公开审理。”

11. 不出庭陈述的权利

法律分析：

出于保护隐私、避免再次受到伤害等保护女孩的原因，性侵害案件中的未成年被害人在案件审理过程中可以不出庭。

法条规定：

2001 年实施的《最高人民法院关于审理女孩刑事案件的若干规定》第十二条规定：“女孩刑事案件的证人是女孩的，除法律规定外，经人民法院准许，可以不出庭。”2006 年通过的《人民检察院办理女孩刑事案件的规定》第二十九条第二款规定：“公诉人一般不提请未成年证人、被害人出庭作证。”

12. 被告知鉴定结论和申请补充鉴定或者重新鉴定的权利

法律分析：

对于将作为证据使用的鉴定结论，侦查机关有义务告知被害人。被害人也有权对鉴定结论申请补充鉴定或者重新鉴定。

法条规定：

《刑事诉讼法》第一百二十一条规定："侦查机关应当将用作证据的鉴定结论告知犯罪嫌疑人、被害人。如果犯罪嫌疑人、被害人提出申请，可以补充鉴定或者重新鉴定。"

13. 被通知参加法庭审理的权利

法律分析：

依照司法解释的规定，性侵害案件中的未成年被害人虽然可以不出庭，但是其仍然有权参加法庭审理，人民法院也有义务提前告知其案件开庭审理的时间和地点。未成年被害人对于开庭审理等案件进展程度的知情，也是其行使诉讼权利的前提。

法条规定：

《刑事诉讼法》第一百五十一条规定："人民法院决定开庭审判后，应当进行下列工作：……（四）传唤当事人，通知辩护人、诉讼代理人、证人、鉴定人和翻译人员，传票和通知书至迟在开庭 3 日以前送达。……"

14. 质证的权利

法律分析：

对于证人证言，被害人有权在法庭上对各方证人讯问和质证，只有经过包括被害人在内的诉讼参与人质证后，这些证据才能作为定案的根据。

法条规定：

《刑事诉讼法》第四十七条规定："证人证言必须在法庭上经过公诉人、被害人和被告人、辩护人双方讯问、质证，听取各方证人的证言并且经过查实以后，才能作为定案的根据。法庭查明证人有意作伪证或者隐匿罪证的时候，应当依法处理。"

15．参加法庭调查的权利

法律分析：

被害人在案件审理过程中有参加法庭调查的权利，在法庭调查的过程中被害人具有以下权利：有权就起诉书指控的犯罪进行陈述；经审判长许可后，向被告人发问；经审判长许可后，对证人、鉴定人发问；对物证、证言笔录、鉴定结论、勘验笔录以及其他作为证据的文书发表意见；有权申请通知新的证人到庭，调取新的物证；有权申请重新鉴定或者勘验。

法条规定：

《刑事诉讼法》第一百五十五条规定："公诉人在法庭上宣读起诉书后，被告人、被害人可以就起诉书指控的犯罪进行陈述，公诉人可以讯问被告人。被害人、附带民事诉讼的原告人和辩护人、诉讼代理人，经审判长许可，可以向被告人发问。审判人员可以讯问被告人。"第一百五十六条规定："证人作证，审判人员应当告知他要如实地提供证言和有意作伪证或者隐匿罪证要负的法律责任。公诉人、当事人和辩护人、诉讼代理人经审判长许可，可以对证人、鉴定人发问。审判长认为发问的内容与案件无关的时候，应当制止。……"第一百五十七条规定："公诉人、辩护人应当向法庭出示物证，让当事人辨认，对未到庭的证人的证言笔录、鉴定人的鉴定结论、勘验笔录和其他作为证据的文书，应当当庭宣读。审判人员应当听取公诉人、当事人和辩护人、诉讼代理人的意见。"第一百五十九条规定："法庭审理过程中，当事人和辩护人、诉讼代理人有权申请通知新的证人到庭，调取新的物证，申请重新鉴定或者勘验。法庭对于上述申请，应当作出是否同意的决定。"

16. 参加法庭辩论的权利

法律分析：

被害人在参加法庭审理的过程中，进入到法庭辩论阶段之后，经审判长许可，可以对证据和案件情况发表意见并有权进行辩论。

法条规定：

《刑事诉讼法》第一百六十条规定：“经审判长许可，公诉人、当事人和辩护人、诉讼代理人可以对证据和案件情况发表意见并且可以互相辩论。……”

17. 获得民事赔偿的权利

法律分析：性侵害案件中的未成年被害人如果因为犯罪行为遭受物质损失，有权要求侵害人给予民事赔偿。

法条规定：

《刑事诉讼法》第七十七条规定：“被害人由于被告人的犯罪行为而遭受物质损失的，在刑事诉讼过程中，有权提起附带民事诉讼。”

18. 收到判决书的权利

法律分析：

对于案件的判决，被害人有权了解，法院应将判决书按照法律规定的期限送达给被害人。这也是被害人行使向检察院提出抗诉或者申诉的重要基础。

法条规定：

《刑事诉讼法》第一百六十三条规定：“宣告判决，一律公开进行。当庭宣告判决的，应当在5日以内将判决书送达当事人和提起公诉的人民检察院；定期宣告判决的，应当在宣告后立即将判决书送达当事人和提起公诉的人民检察院。”

19．对法院的第一审判决请求抗诉的权利

法律分析：

被害人如果对于法律作出的一审判决不服的，有权在收到判决书5日内请求人民检察院提起抗诉。

法条规定：

《刑事诉讼法》第一百八十二条规定：“被害人及其法定代理人不服地方各级人民法院第一审的判决的，自收到判决书后5日以内，有权请求人民检察院提出抗诉。人民检察院自收到被害人及其法定代理人的请求后5日以内，应当作出是否抗诉的决定并且答复请求人。”

20．自诉案件中和对附带民事诉讼部分提出上诉的权利

法律分析：

如果案件是自诉案件，未成年被害人及其法定代理人对于一审判决、裁定，有权向上一级法院上诉，附带民事诉讼部分的原告及其法定代理人对于一审判决、裁定中的附带民事诉讼部分，也有权提出上诉。

法条规定：

刑事诉讼法第一百八十条规定：“被告人、自诉人和他们的法定代理人，不服地方各级人民法院第一审的判决、裁定，有权用书状或者口头向上一级人民法院上诉。……附带民事诉讼的当事人和他们的法定代理人，可以对地方各级人民法院第一审的判决、裁定中的附带民事诉讼部分提出上诉。”

21．对生效的判决、裁定提出申诉的权利

法律分析：

未成年被害人对于已经发生法律效力的判决、裁定，也有权向人民法院或者人民检察院提出申诉。

法条规定：

《刑事诉讼法》第二百零三条规定：“当事人及其法定代理人、近亲属，对已经发生法律效力的判决、裁定，可以向人民法院或者人民检察院提出申诉，但是不能停止判决、裁定的执行。”

22. 要求专门机构或者人员办理案件的权利

法律分析：

专门机构或者专人办理有利于更好地保障女孩的权利，使其在诉讼过程中尽量少受伤害。根据法律及司法解释的规定，女孩遭受性侵害的案件作为女孩权益保护的案件，可以要求专门机构或者专人办理。

法条规定：

2007 年的《女孩保护法》第五十五条规定：“公安机关、人民检察院、人民法院办理女孩犯罪案件和涉及女孩权益保护案件，应当照顾女孩身心发展特点、尊重他们的人格尊严，保障他们的合法权益，并根据需要设立专门机构或者指定专人办理。”2006 年通过的《人民检察院办理女孩刑事案件的规定》第五条规定：“人民检察院一般应当设立专门工作机构或者专门工作小组办理女孩刑事案件，不具备条件的应当指定专人办理。女孩刑事案件一般应当由熟悉女孩身心发展特点、善于做女孩思想教育工作的检察人员承办。”

23. 询问时通知监护人到场的权利

法律分析：

为了有效避免司法人员对未成年被害人的不当询问，保障其依法陈述的权利，未成年被害人在被询问时有权要求通知监护人到场，通知监护人到场也是司法机关的义务。

法条规定：

2007 年《未成年人保护法》第五十六条第一款规定：“公安机关、人民检察院讯问未成年犯罪嫌疑人，询问未成年证人、被害人，应当通知监护人到场。”

24. 名誉受保护权

法律分析：

由于女孩遭受性侵害的案件容易导致未成年被害人的名誉被损坏，因此，未成年被害人的名誉有权得到司法机关的有效保护。这也是司法机关依法应履行的义务。

法条规定：

2007 年《女孩保护法》第五十六条第二款规定：“公安机关、人民检察院、人民法院办理女孩遭受性侵害的刑事案件，应当保护被害人的名誉。”

性侵害案件发生后家长要采取正确的做法

女孩遭受性侵害的案件发生后，家长应该采取正确的做法来应对和处理这一事件：

一、立即到医院检查

女孩受到性侵害后，必然出现一些生理上的变化或者特征。而这些生理上的变化或者特征是能够证明性行为曾经发生过的证据，此时应当迅速到医院进行检查，尽快拿到医院的诊断证明。

二、保全证据

性侵害案件中一般没有第三人在场，因此粘有侵害人精液等女孩的衣裤以及床单等是最直接的物证，应不要清洗这些物品，要妥善保留。如果女孩身上带有这些残留物，不要立即给其洗澡。

应当指出，除了处女膜是否破裂的检查和精液鉴定这些能够直接证明侵害事实的证据外，以下证据对于案件认定仍然具有重要的作用：

（1）被害人身上的伤痕。

（2）被害人抓伤侵害人的伤痕。

（3）被害人被撕破的衣服。

（4）从犯罪嫌疑人处获得撕扯过的衣服。

（5）迷奸案件中剩余的药物或者盛放这些药物的酒杯等。

（6）被害人对犯罪嫌疑人隐私部位及特别特征的描述。

（7）被害人对犯罪嫌疑人穿着等特征的描述。

（8）侵害人是否在场的证明。

（9）与网络有关的性侵害案件中的网址、IP 信息以及聊天记录。

（10）犯罪人承认罪行的录音。

（11）企图“私了”的“私了协议”以及私下协商解决的录音。

（12）侵害人留下的毛发以及其他物品等。

以上这些证据只是一部分，因为在不同的案件中会出现很多不同的证据，这些都可能有助于认定案件的事实。

证据的保全在性侵害案件中尤其重要，因为这不仅关系到能否顺利立案，也涉及到案件后续程序能否顺利进行。

三、被害人到有管辖权的公安机关报案

实践中公安机关有严格的管辖分工，司法解释对此也有规定。1998 年的《公安机关办理刑事案件程序规定》第十五条：“刑事案件由犯罪地的公安机关管辖。如果由犯罪嫌疑人居住地的公安机关管辖更为适宜的，可以由犯罪嫌疑人居住地的公安机关管辖。”应当依照管辖的规定去报案，实践中很多女孩或者家长由于没有到具有管辖权的公安机关报案，致使立案等程序被拖延，证据也没有迅速被获得，未成年被害人的合法权益不能够得到及时有效的保护。

四、不能私了

有的家长出于维护孩子名声等理由而想要“私了”，家长应明白侵害人依法受到惩罚才是保护孩子的根本方式。在追究犯罪人刑事责任的同时采取措施保护孩子的隐私，确保其隐私不被泄漏。特别是在熟人性侵害的案件中，侵害人和受害人同在一个比较小的范围内，如果选择沉默，女孩可能会再次受到伤害。

如果不想报案、要求通过赔偿解决的家长，应明白该类案件的性质，即刑事案件应受到国家追诉，民事赔偿不能免除行为人的刑事责任。在有些情况下，未成年受害人自己想报案，但是家长出于名誉以及赔偿等方面的考虑不愿意报案，女孩可直接去公安机关报案或者向当地共青团、未成年人保护委员会等女孩保护机构反映，由其帮助向公安机关报案。

五、心理咨询和心理辅导

家长应了解女孩有没有出现精神异常反应。如果心理、精神出现不正常反应时，有条件的情况下，家长应及时带女孩接受心理咨询和辅导，由专业人士对其进行心理安抚和治疗，避免心理创伤进一步加剧。未成年被害人心理和精神的稳定，一方面能够使后续的心理康复等更加容易，另一方面能够提高其在诉讼过程中的作证能力，有利于诉讼的顺利进行。

六、应使女孩远离遭受侵害的环境，避免遭受进一步侵害

女孩遭受性侵害的案件可能发生在不同的场合，包括家庭、学校等熟悉的环境以及被陌生人侵害等。如果性侵害案件发生在家庭中，如生父或者养父实施性侵害，另一方家长发现后，应当加强对孩子的保护，必要时可以暂时带孩子离开家庭。

如果性侵害案件发生在学校，家长以学生不适应等理由要求更换班级，尽量远离可能实施过侵害的教师。对于其他亲属或者陌生人可能实施的性侵害，家长应当使女孩尽快远离侵害环境，加强保护。

第六章 寻求律师的帮助

现行立案标准使很多性侵害案件很难立案

《刑事诉讼法》第八十六条规定：“人民法院、人民检察院或者公安机关对于报案、控告、举报和自首的材料，应当按照管辖范围，迅速进行审查，认为有犯罪事实需要追究刑事责任的时候，应当立案；认为没有犯罪事实，或者犯罪事实显著轻微，不需要追究刑事责任的时候，不予立案。”按照目前的法律规定，公安机关在接到报案以后并不立即立案，而是在立案之前要审查涉嫌犯罪的基本事实材料，能够证明所报的案件可能涉嫌犯罪，公安机关才立案。

案例：

14岁的住校生阿娟晚上独自在校园散步时被校警强奸。案发后，阿娟没有及时告诉家人，而是洗澡后又将身上的衣服洗干净了，身上衣服上留下的痕迹都被清洗干净了。父亲发现情况不对后追问阿娟才得知了这件事情，于是立即报警。警察带阿娟去医院做了检查，检查结果是处女膜没有破裂。阿娟的父亲为了讨回公道，又带其到另外两家医院检查，一家医院检查结果为破裂，另一家医院检查结果为处女膜少许裂伤。而警方认为，只有警方、法医以及报警人一同检查，检查结果才具有法律效力。警方表示已经提取了阿娟身上的分泌物，如果能够证明有校警的体液，可以立案侦查，如果不能证明，则不能立案。

在该案中可以看出，在身体和衣服上的物证已经消失的情况下，阿娟向警方提供立案的证据有阿娟的证言以及医院的诊断结果。阿娟作为14岁的初一在校学生，完全能够表达一定的事实，而且其父亲已经带其做了检查，有医疗诊断证明确实受到了伤害。在此情况下，公安机关应当先立案，利用专业的刑侦力量对案件开展更进一步的调查。但是公安机关在立案之前仍需要寻找其他更充分的证据，对于受害人提供的证据要求非常严格，认为没有警察和法医在场，医院对阿娟的诊断结果不具有法律效力。实际上，后来两所医院的诊断证明都已经能够不同程度地证明阿娟受到了伤害。这种情况下，已经达到了立案的标准，公安机关应当先进行立案，开展调查。

因此在对女孩的性侵害案件中，现行的立案标准并不适合。因为女孩遭受性侵害的案件，一般没有第三人在场，如果仅凭女孩的证言，特别是受害女孩年龄比较小时，公安机关一般不立案。而实际上要求女孩及其家长自行收集提供基本证据是不现实的。一方面是因为一些年龄较小的女孩不知道什么是性侵害行为，她们根本就不懂得发生性侵害后自己应该做些什么；另一方面有些案件是经过较长时间才报案的，基本的物证已经不存在，而女孩及其家属又没有能力搜集其他证据。即使女孩及其家长提供了一些基本的证据，但是公安机关对此却有比较严格的标准要求，这些证据也不能充分发挥作用。

律师应采取措施促使公安机关顺利立案

应该指出，性侵害案件如果存在物证，立案相对比较容易。在没有物证的情况下，为了促使公安机关顺利立案，律师可以采取以下措施：

一、代理委托人向司法机关控告犯罪

如果未成年被害人的法定代理人同律师签订了委托协议，在有初步证据证明发生了犯罪，同时被害人要求律师的帮助，律师可以代理委托人直接向司法机关控告已经发生的侵害行为。

二、根据已有的证据建议公安机关立案

律师指导未成年被害人及其法定代理人收集现存的证据后，应当帮助其及时向公安机关提交这些证据并要求开展初步审查。因为有的证据非常容易消失，如果不及时采取技术手段保存和专业手段侦查，将不能再对案件的认定起到作用。

在女孩遭受性侵害的案件中，如果只有女孩的陈述和医院确定受到伤害的诊断证明，可以认定为“有犯罪事实的存在”，律师应该发挥专业作用，建议公安机关立案。

我国已经签署并批准的《任择议定书》也有相关规定。第八条规定：“……缔约国应当采取适当措施，在刑事司法程序的各个阶段保护受本议定书所禁止的行为之害的女孩的权益，特别应当承认受害女孩的脆弱性并变通程序，以照顾他们的特别需要；……在处理案件和执行向受害女孩提供赔偿的命令或法令方面避免不必要的延误。……”第九条规定：“……缔约国应当确保本议定书所述罪行的所有受害女孩均有权提起适当程序，在无歧视的情况下要求应负法律责任者作出损害赔偿。……”

这些规定要求在处理涉及女孩性侵害的案件中从女孩利益最大化出发，在不违反我国法律规定的情况下对立案程序在司法实践中有一定的变通，保障不延误处理。因此，如果有女孩的陈述，又有其受到伤害的医院诊断证明，从保护女孩以及实际情况出发，律师应积极建议公安机关先立案再开展基本犯罪事实的调查。

三、帮助女孩对不立案的决定申请复议和向检察院提出立案要求

1998 年《公安机关办理刑事案件程序规定》第一百六十三条规定：“对于有控告人的案件，决定不予立案的，公安机关应当制作《不予立案通知书》，在 7 日内送达控告人。控告人对不立案决定不服的，可以在收到《不予立案通知书》后 7 日内向原决定的公安机关申请复议。”

如果未成年被害人及其家属向公安机关报案后，公安机关不予立案，则为女孩提供帮助的律师应要求公安机关出具书面的《不予立案通知书》。律师可以帮助当事人向做出决定的公安机关申请复议。

如果公安机关仍做出不立案决定的，律师可以帮助未成年被害人向检察院提出立案要求。《刑事诉讼法》第八十七条规定："人民检察院认为公安机关对应当立案侦查的案件而不立案侦查的，或者被害人认为公安机关对应当立案侦查的案件而不立案侦查，向人民检察院提出的，人民检察院应当要求公安机关说明不立案的理由。人民检察院认为公安机关不立案的理由不能成立的，应当通知公安机关立案，公安机关接到通知后应当立案。"

律师在案件立案以后至审查起诉阶段之前，还不是诉讼代理人的身份，但可以为未成年被害人及其法定代理人提供法律咨询、指导其采取正确的做法以及为其详细解释法律的规定等。《任择议定书》第 8 条也规定："……在整个法律程序中向受害女孩提供适当的支助服务……"因此未成年被害人在立案之后审查起诉阶段前的侦查程序中也有权得到律师的帮助。

律师作为诉讼代理人需注意的事项

律师作为性侵害案件未成年被害人的诉讼代理人，除应行使基本权利履行基本义务外，还需要注意以下几个问题：

一、建议专门机构或专门人员办理

2006年修订的《女孩保护法》第五十五条规定："公安机关、人民检察院、人民法院办理女孩犯罪案件和涉及女孩权益保护案件，应当照顾女孩身心发展特点，尊重他们的人格尊严，保障他们的合法权益，并根据需要设立专门机构或者指定专人办理。"2006年通过的《人民检察院办理女孩刑事案件的规定》第五条规定："人民检察院一般应当设立专门工作机构或者专门工作小组办理女孩刑事案件，不具备条件的应当指定专人办理。女孩刑事案件一般应当由熟悉女孩身心发展特点、善于做女孩思想教育工作的检察人员承办。"《任择议定书》第八条规定："……缔约国应当采取措施，确保对在业务上与本议定书所禁止的罪行的受害人接触的人员进行适当的培训，特别是法律和心理培训。……"

专业机构和专业人员熟悉相关法律，了解女孩的特点，能够从女孩利益最大化出发，站在保护未成年被害人的角度处理案件，以最大的努力实现对女孩的保护。目前我国一些公安、检察系统有专门的办理涉及女孩案件的小组或者公诉科，法院系统有少年法庭。虽然目前的女孩专门办案小组、公诉科以及少年法庭主要办理女孩违法犯罪案件，但是这些办案人员熟悉女孩的特点，具有女孩保护的理念和角度，熟知相关法律，有的也处理一些以女孩为被害人的刑事案件。因此，律师可以向司法机关建议由这些专门机构或者人员办理以女孩为被害人的性侵害案件。

二、向未成年被害人及其法定代理人解释诉讼权利和诉讼程序

《任择议定书》第八条规定："……向受害女孩讲述其权利、作用和程序的范围、时间和进度以及对其案件的处置；……"未成年被害人诉讼权利的行使以及对案件进展的知情权等是以未成年被害人及其法定代理人理解诉讼权利和诉讼程序为前提的。而在女孩认知和理解能力较低的情况下，律师应用符合女孩年龄、通俗易懂的语言向女孩详细解释诉讼权利、诉讼程序以及女孩可能接触的专业法律语言等，必要时律师也帮助未成年被害人的法定代理人对其做出详细的解释和说明，保证女孩能够理解基本的诉讼权利和程序。

三、注重听取未成年被害人的意见

参与权是《女孩权利公约》确定的女孩的基本权利之一。《公约》第十二条规定："1．缔约国应确保能够形成自己看法的女孩有权对影响女孩的一切事项自由发表自己的意见，对女孩的意见应按照其年龄和成熟程度给以适当的重视。2．为此目的，女孩应特别享有机会在影响到女孩的任何司法和行政诉讼中阐述见解，以符合国家法律的诉讼规则的方式，直接或通过代表或适当机构陈述意见。”《任择议定书》第八条也规定：“……按照本国法律的程序规则允许在影响到受害女孩的个人利益的程序中提出和考虑受害女孩的意见、需要和问题；……”

律师在代理女孩为被害人的性侵害案件时，应当注重让女孩充分表达意见、想法并尊重、认真对待他们的意见和想法。律师在代理案件的过程中，在案件的每个阶段以及必要的情况下，应当就代理意见与案件进展等情况与女孩及时沟通，并用他们能够理解的语言向其解释代理行为以及代理意见，听取他们的意见后认真考虑，将女孩的要求等反映在代理意见中。

四、注意对未成年被害人隐私的保护

2006 年修订的《女孩保护法》第五十六条第二款规定：“公安机关、人民检察院、人民法院办理女孩遭受性侵害的刑事案件，应当保护被害人的名誉。”《刑事诉讼法》第一百五十二条第一款规定：“人民法院审判第一审案件应当公开进行，但是有关国家秘密或者个人隐私的案件，不公开审理。”2006 年通过的《人民检察院办理女孩刑事案件的规定》第三十六条规定：“人民检察院审查批准逮捕、审查起诉未成年犯罪嫌疑人，应当同时审查公安机关的侦查活动是否合法，发现有下列违法行为的，应当提出纠正意见；构成犯罪的，依法追究刑事责任：……（六）对未成年被害人、证人以诱骗等非法手段收集证据或者侵害未成年被害人、证人的人格尊严及隐私权等合法权益的。”《任择议定书》第 8 条也规定：“……适当保护受害女孩的隐私和身份，并根据本国法律采取措施，避免不当发布可能导致暴露受害女孩身份的消息；……”

我国的法律和司法解释明确了对性侵害案件中未成年被害人隐私权的保护。律师在办理案件时，首先应当注意自己在代理过程中严格保护女孩的隐私，不将案情透露给不必要的人，对可能推断出被害人等的资料给予妥善保护，不得泄漏。《律师办理刑事案件规范》第一百三十七条规定：“代理律师应在开庭前向人民法院了解案件是否公开审理。如果案件涉及被害人的隐私，可以要求人民法院不公开审理。”因此在案件开庭审理前律师应向人民法院了解情况，确保案件不公开审理。同时对于需要在法庭上宣读的未成年被害人的陈述的，律师可以要求法庭不宣读未成年被害人的姓名。

另一方面律师还应当建议、提示司法机关严格遵守法律的规定，保护女孩的隐私和名誉。建议司法人员在取证、办理案件时采取适当的方式，保护女孩的隐私，不得随便披露案情以及能够推断出被害人的资料，特别是在涉及向第三人了解案件情况时，应当注重保护未成年被害人的隐私。

律师可为性侵受害人代理民事诉讼部分

附带民事诉讼部分的未成年被害人及其法定代理人自案件移送审查起诉之日起，有权委托诉讼代理人。律师代理未成年被害人的附带民事诉讼是一个重要问题。这主要是因为性侵害案件的民事赔偿问题由于法律规定等原因不能有效保障未成年被害人的权利，但是如果律师巧妙适用法律和技巧能够帮助未成年被害人获得最大限度的赔偿。

我国法律对刑事附带民事诉讼的现有规定为：

（1）有权提起刑事附带民事诉讼的主体

我国《刑事诉讼法》确定了被害人有权提起刑事附带民事诉讼。《刑事诉讼法》第七十七条第一款规定："被害人由于被告人的犯罪行为而遭受物质损失的，在刑事诉讼过程中，有权提起附带民事诉讼。"

（2）刑事附带民事诉讼中负有赔偿责任的人

根据最高人民法院《关于执行〈中华人民共和国刑事诉讼

法〉若干问题的解释》第八十六条的规定，刑事附带民事诉讼中依法负有赔偿责任的人包括：刑事被告人及没有被追究刑事责任的其他共同致害人；未成年刑事被告人的监护人；已被执行死刑的罪犯的遗产继承人；共同犯罪案件中在案件审结前已死亡的被告人的遗产继承人以及其他对刑事被告人的犯罪行为依法应当承担民事赔偿责任的单位和个人。依照该司法解释的规定，对未成年学生具有保护职责的学校、幼儿园等机构如果没有尽到法定义务，对教师实施性侵害的行为有过错，则也可以成为刑事附带民事诉讼中依法承担民事赔偿责任的单位。

（3）提起刑事附带民事诉讼的时间以及方式

最高人民法院《关于执行〈中华人民共和国刑事诉讼法〉若干问题的解释》规定了提起附带民事诉讼的时间以及方式。该解释第八十九条规定："附带民事诉讼应当在刑事案件立案以后第一审判决宣告以前提起。有权提起附带民事诉讼的人在第一审判决宣告以前没有提起的，不得再提起附带民事诉讼。但可以在刑事判决生效后另行提起民事诉讼。"第九十条规定："在侦查、预审、审查起诉阶段，有权提起附带民事诉讼的人向公安机关、人民检察院提出赔偿要求，已经由公安机关、人民检察院记录在案的，刑事案件起诉后，人民法院应当按附带民事诉讼案件受理；经公安机关、人民检察院调解，当事人双方达成协议并已给付，被害人又坚持向法院提起附带民事诉讼的，人民法院也可以受理。"同时根据该司法解释的规定，人民法院审理刑事附带民事诉讼案件，不收诉讼费。

（4）刑事附带民事诉讼的审理时间和审限

法律和司法解释对刑事附带民事诉讼案件的审理时间和审限也做出规定。《刑事诉讼法》第七十八条规定："附带民事诉讼应当同刑事案件一并审判，只有为了防止刑事案件审判的过分迟延，才可以在刑事案件审判后，由同一审判组织继续审理附带民事诉讼。”2000 年 9 月实施的《最高人民法院关于严格执行案件审理期限制度的若干规定》第一条规定：“适用普通程序审理的第一审刑事公诉案件、被告人被羁押的第一审刑事自诉案件和第二审刑事公诉、刑事自诉案件的期限为一个月，至迟不得超过一个半月；附带民事诉讼案件的审理期限，经本院院长批准，可以延长两个月。……”第二条规定：“适用普通程序审理的第一审民事案件，期限为六个月；有特殊情况需要延长的，经本院院长批准，可以延长六个月，还需延长的，报请上一级人民法院批准，可以再延长三个月。”最高人民法院《关于执行〈中华人民共和国刑事诉讼法〉若干问题的解释》第一百零九条规定：“……适用普通程序审理的被告人未被羁押的自诉案件，应当在立案后 6 个月内宣判。有特殊情况需要延长审理期限的，由本院院长批准，可以延长 3 个月。”因此，一般情况下，刑事附带民事诉讼案件比普通程序的民事案件审限时间短，能够尽快作出判决，避免了未成年被害人及其家庭累诉，节约了成本。

（5）刑事附带民事诉讼的赔偿范围

法律法规对刑事附带民事诉讼的赔偿范围也做出了规定。《刑事诉讼法》明确规定为物质损失。《最高人民法院关于刑事附带民事诉讼范围问题的规定》第一条规定：“……对于被害人因犯罪行为遭受精神损失而提起附带民事诉讼的，人民法院不予受理。”第二条规定：“被害人因犯罪行为遭受的物质损失，是指被害人因犯罪行为已经遭受的实际损失和必然遭受的损失。”《最高人民法院关于人民法院是否受理刑事案件被害人提起精神损害赔偿民事诉讼问题的批复》规定：“根据刑法第三十六条和刑事诉讼法第七十七条以及我院《关于刑事附带民事诉讼范围问题的规定》第一条第二款的规定，对于刑事案件被害人由于被告人的犯罪行为而遭受精神损失提起的附带民事诉讼，或者在该刑事案件审结以后，被害人另行提起精神损害赔偿民事诉讼的，人民法院不予受理。”司法解释明确在赔偿范围中排除精神损害赔偿。即使在刑事案件审结后，被害人另行提起精神损害赔偿诉讼的，法院也不予受理。

因此依据现有的法律规定，未成年被害人只能向侵害人要求赔偿医疗费、护理费、交通费、住院伙食补助费、住宿费、误工费以及必要的营养费等，而不能要求精神损害抚慰金。

（6）鼓励犯罪人积极赔偿

司法解释鼓励犯罪人对被害人积极赔偿。《最高人民法院关于刑事附带民事诉讼范围问题的规定》第四条规定：“被告人已经赔偿被害人物质损失的，人民法院可以作为量刑情节予以考虑。”2006 年实施的《最高人民法院关于审理女孩刑事案件具体应用法律若干问题的解释》第十九条第二款规定：“被告人对被害人物质损失的赔偿情况，可以作为量刑情节予以考虑。”通过规定赔偿可影响量刑的方式来鼓励犯罪嫌疑人和被告人积极赔偿。

（7）民事赔偿优先原则

对于被害人的民事赔偿问题，我国刑法规定了民事赔偿责任优先的原则。《刑法》第三十六条规定：“……承担民事赔偿责任的犯罪分子，同时被处罚金，其财产不足以全部支付的，或者被判处没收财产的，应当先承担对被害人的民事赔偿责任。”民事赔偿的范围也仅限于因犯罪行为遭受的物质损失。

律师为性侵受害人争取民事赔偿的方法和技巧

性侵害案件在实际的审理过程中通过提起附带民事诉讼，被害人得到的赔偿是有限的。因此，除了在刑事诉讼程序中为未成年被害人提起刑事附带民事诉讼外，律师可以考虑通过以下途径为未成年被害人多争取民事赔偿：

1. 就民事赔偿部分与犯罪人协商、调解解决

由于司法解释规定被告人积极赔偿被害人的损失可以作为量刑的情节，律师可以就被害人的民事赔偿问题与犯罪人积极协商，促使犯罪人多赔偿，双方就民事赔偿部分通过调解解决。从实践中看，律师一般需要在刑事案件审理前与对方当事人以及法院进行积极的沟通协商，这样有助于保障民事赔偿的协议能够及时履行，法院执行到位。

案例：

刘某（16 周岁）被犯罪人骗至外地强迫卖淫为其挣钱。期间犯罪人曾经对被害人实施过殴打。三天后被害人利用卖淫的机会

逃走并报警。公安机关对此案进行了侦查，并将犯罪嫌疑人抓获归案，交由检察机关进行起诉。审查起诉阶段被害人的母亲找到律师要求帮助，律师为其提供援助，免费为其代理刑事附带民事的诉讼。律师主动多次与公安办案民警联系，与检察官沟通，及时关注案件的进展，适时地向法院提交了刑事附带民事诉状，及时进入了本案的刑事附带民事诉讼程序。律师经过调查发现，受害人因犯罪行为遭受的人身损害治疗费用只有不到三千元。针对这种情况，为了使受害女孩能够最大限度地得到民事赔偿，提高被告人民事赔偿的积极性，律师制定了民事调解方案。在法庭上，律师对受害人因本案而遭受的伤害和由此而产生的心灵痛苦，以及本案对其一生可能造成的不良影响，进行了充分、详尽地分析和评述，剖析了被告人行为的社会危害性，劝告被告积极赔偿，争取宽大处理。律师的陈述打动了大多数在场人的心。最终，被告同意了律师提出的调解方案。被害人得到了被告人及时支付的12000元的民事赔偿。调解结案赔偿的数额远远高于判决可能支持的数额，未成年受害人的心理得到了宽慰，民事赔偿问题也及时得到了解决。

通过以上案例可以看出，律师在民事赔偿问题上制定调解方案，积极与被告人协商，努力使被告人认识到其行为对未成年被害人的严重影响以及积极赔偿对自身的好处，促使被告人多赔偿，能够为未成年被害人争取到可能比判决仅支持的物质损失更多的赔偿。

2. 将精神损害和心理创伤转化为治疗费用

依照目前的法律规定，被害人的精神损失得不到任何赔偿。但是性侵害对未成年被害人的心理和精神影响更大。在此情况下，女孩被确定为精神疾病或者心理障碍等需要治疗、辅导的，律师可以将该部分费用转化为因为犯罪行为受到侵害而产生的治疗费用，向犯罪人要求赔偿。因为这部分费用可以被理解为是“因被告人的犯罪行为而遭受的物质损失”。

但是将心理或者精神治疗费用转化为物质损失也需要律师做大量的工作。主张赔偿需要有医院开出的治疗费用诊断证明支持，有些情况医院不愿意或者认为无法确定心理治疗的费用，需要律师和医院做大量的沟通工作。还有一些案件的被害人家长不重视心理治疗，以致诉讼时无法确定心理治疗所需费用或者不准确，在诉讼之后发现心理严重受到伤害时很难通过诉讼获得赔偿。

案例：

15 岁的女孩随外出打工的父母居住，期间被邻居强奸。女孩家长找到律师请求援助。援助律师代理女孩提起刑事附带民事诉讼。为了确保受害人得到最大限度的赔偿，律师在诉讼过程中做了大量的工作。律师注意到女孩在出事后曾有过自杀行为而且精神抑郁。家长没有及时注意到孩子的心理问题，在律师提出心理治疗的问题时，家长认为事情已经发生心理治疗也没有作用。律师对家长做了大量工作，说明心理治疗对于被害人顺利康复的重要性。最终，在律师的建议下，家长带孩子到医院做检查，检查的结果为孩子出现了重度抑郁。确定诊断结果后，律师需要在民事赔偿请求中确定心理治疗的费用。律师和家长请医院根据诊断结果开出治疗时间以及费用的诊断结论。医院开始表示存在困难，在律师的耐心劝说和解释下，医院根据受害人的病症开出了需要治疗的时间以及服药的诊断证明。律师据此在附带民事赔偿中提出了 1 万元的心理治疗费用赔偿请求。

3. 当性侵害发生在学校时，如果学校有过错，可以向学校提出民事赔偿请求

（1）法律依据

2006 年修订的《女孩保护法》第二十二条第一款规定：“学校、幼儿园、托儿所应当建立安全制度，加强对女孩的安全教育，采取措施保障女孩的人身安全。”《最高人民法院关于审理人身损害赔偿案件适用法律若干问题的解释》第七条规定：“对女孩依法负有教育、管理、保护义务的学校、幼儿园或者其他教育机构，未尽职责范围内的相关义务致使女孩遭受人身损害，或者女孩致他人人身损害的，应当承担与其过错相应的赔偿责任。第三人侵权致女孩遭受人身损害的，应当承担赔偿责任。学校、幼儿园等教育机构有过错的，应当承担相应的补充赔偿责任。”2002 年实施的教育部《学生伤害事故处理办法》第九条规定：“因下列情形之一造成的学生伤害事故，学校应当依法承担相应的责任：……（九）学校教师或者其他工作人员体罚或者变相体罚学生，或者在履行职责过程中违反工作要求、操作规程、职业道德或者其他有关规定的；……”根据最高人民法院《关于执行〈中华人民共和国刑事诉讼法〉若干问题的解释》第八十六条的规定，刑事附带民事诉讼中依法负有赔偿责任的人包括学校、幼儿园等，如果这些机构没有尽到管理义务，存在过错，是对刑事被告人的犯罪行为依法应当承担民事赔偿责任的单位。

（2）追究学校的民事赔偿责任

依照现有的法律规定，学校对这类性侵害案件应承担民事赔偿责任。律师帮助受害人提出被告人和学校共同赔偿的刑事附带民事诉讼请求。

刑事附带民事诉讼案件不收取诉讼费，审限相对比较短，能

够使当事人减少经济成本和时间成本，避免累诉。因此对于发生在学校的性侵害案件，如果学校存在过错，律师可以帮助未成年被害人将学校同时作为刑事附带民事诉讼的主体，提出民事赔偿诉讼请求。

案例：

2000年6月至2002年1月间，某小学49岁的教师陈某某利用担任小学三、四、五年级数学课、社会课老师的身份，以辅导功课、改错题为名，对多名幼女多次实施强奸和猥亵。经过一审、二审，法院以强奸罪和猥亵女孩罪判处陈某某无期徒刑，剥夺政治权利终身。受害人杜某某的家长同时向法院提出了要求陈某某与学校共同赔偿的附带民事诉讼请求。但法院认为学校不属于附带民事诉讼中依法负有赔偿责任的主体，因此对该项请求不予支持。

以上案件表明从法律规定看虽然学校在有过错的情况下可以成为刑事附带民事诉讼的赔偿主体，但是司法实践中提出学校和被告人共同赔偿的刑事附带民事诉讼请求很难得到支持。但是律师仍然可以依照法律的规定，建议并帮助未成年被害人在刑事附带民事诉讼的赔偿请求中要求学校承担与过错相应的民事赔偿责任。

由于将学校作为刑事附带民事诉讼的赔偿主体很难得到支持，而且刑事附带民事诉讼不支持精神损害赔偿，为了能够帮助女孩争取更多赔偿，建议律师尽量单独对学校另行提起民事赔偿诉讼。

案例：

原某小学教师栗某在乡中心小学长达四年的时间中在校内多次强奸、猥亵幼女，犯罪手段恶劣，给幼女的身心健康造成了严重的危害后果，被法院判处死刑。而栗某之所以能够长时间奸淫、猥亵幼女，与学校的疏于管理具有直接的关系。栗某经常在放学后将女孩留下，借补课的名义实施强奸、猥亵。当其对学生实施犯罪后不久，有家长有所察觉，找到校长要求别再让男老师单独给自己女儿补课，但是校长不但没有注意，反而非常不满，认为老师给学生补课不是坏事，孩子在学校不会出事。甚至在三名听到孩子直接说“老师对其有流氓行为”的家长再次找到校长时，校长认为“栗老师只是与学生有动手动脚行为，并不太严重”。没有采取任何措施。

案发后，律师接受13名受害家长的委托起诉学校，认为学校在栗某犯罪的过程中有重大过错，客观上为其提供了时间和空间条件，在家长反映后没有采取积极措施，甚至栗某犯罪活动暴露后都没有采取措施，使栗某能够继续长时间犯罪，使更多的女孩受到侵害。因此受害学生及其家长要求学校赔偿被害人每人十万元。经过诉讼，法院做出了判决。判决认为学校在栗某强奸学生的案件中，不仅疏于管理，而且在学生补课问题上有明显的过错，而且这个过错与学生被伤害有一定的因果关系，应该承担赔偿责任。判决学校向每个受害学生赔偿2万元，并用书面形式向家长道歉。被害人家长上诉后，法院改判赔偿每名受害学生4万元。

打工单位的民事赔偿义务

实践中有一些女孩在打工场所遭受性侵害的案件。根据《最高人民法院关于审理人身损害赔偿案件适用法律若干问题的解释》第十一条的规定，雇员在从事雇佣活动中遭受人身损害，雇主应当承担赔偿责任。雇佣关系以外的第三人造成雇员人身损害的，赔偿权利人可以请求第三人承担赔偿责任，也可以请求雇主承担赔偿责任。雇主承担赔偿责任后，可以向第三人追偿。因此，如果女孩在工作的过程中受到了性侵害，也可以向雇主要求承担民事赔偿责任。

案例：

刚满17岁的小雪随父母到成都某镇的一家鞋业公司上班，负责制作鞋面的工作。2004年4月的一天，小雪上夜班，在凌晨两点过后突然被人从背后蒙住眼睛，挣扎中小雪认出是同一车间工作的杨某。她被杨某拖到隔壁的库房后被强奸。强奸之后，杨某残忍的将小雪从二楼库房窗口推下。小雪的家长认为由于事情发生在工厂，而且事发时小雪在工作时间，因此工厂具有不可推卸的责任。但是工厂连一分钱的医药费都没有垫付。无奈之下，小雪和家长向当地一所维权中心的律师求助。律师认为，小雪受伤是在工厂工作时遭受第三人的侵害，有权向工厂要求承担赔偿责任，工厂赔偿后可以追偿。律师积极帮助小雪与工厂进行交涉并争取通过法律途径获得民事赔偿。

除了在履行职务的过程中受到性侵害可以要求雇主承担赔偿责任外，在一些打工单位提供住宿场所的案件中，如果其没有提供安全的住宿环境，导致女孩受到性侵害，也可以要求打工单位承担相应的民事赔偿责任。

案例：

广西16岁女孩小芳辍学后到某食品加工厂打工挣学费。2007年的一天晚上九点左右，当她下班回到宿舍洗完澡准备睡觉时，床下突然爬出一位穿同厂保安制服的中年男子，用刀相威胁与其强行发生了性关系。在出事的工厂宿舍楼内，住着的全部是该厂的职工，其中只有6名女工，集中住在三楼一角的几个宿舍内，男女宿舍仅隔一个楼梯道，非常容易通行。大部分宿舍包括小芳所住房间的门锁都早已经坏了，根本都不能上锁。而据该宿舍楼的清洁工讲，这栋宿舍楼管理混乱，没有保安管理，以前经常有人从铁门爬进去，经常丢东西。

听到小芳的遭遇后，一家律师事务免费为其提供法律援助。援助律师认为，工厂虽然负责工人的住宿，但是住宿费用已经在其工资中扣除，而且被害人所住的宿舍没有保安，门锁缺失，工厂没有尽到安全保卫的义务，应依法承担责任。因此，援助律师代小芳向工厂提出了人身伤害和精神损害赔偿的诉讼。

安全保障义务人的赔偿责任

除了学校和雇主外，其他安全保障义务人在有过错的情况下也应承担补充赔偿责任。《最高人民法院关于审理人身损害赔偿案件适用法律若干问题的解释》第六条规定：“从事住宿、餐饮、娱乐等经营活动或者其他社会活动的自然人、法人、其他组织，未尽合理限度范围内的安全保障义务致使他人遭受人身损害，赔偿权利人请求其承担相应赔偿责任的，人民法院应予支持。因第三人侵权导致损害结果发生的，由实施侵权行为的第三人承担赔偿责任。安全保障义务人有过错的，应当在其能够防止或者制止损害的范围内承担相应的补充赔偿责任。安全保障义务人承担责任后，可以向第三人追偿。赔偿权利人起诉安全保障义务人的，应当将第三人作为共同被告，但第三人不能确定的除外。”

根据该条的规定，如果女孩遭受性侵害与安全保障义务人的过错有关，即安全保障义务人没有尽到合理范围内的义务，其也应当承担侵害行为的相应赔偿责任。因此，对于符合司法解释规定条件的女孩遭受性侵害案件，律师可以帮助女孩向安全保障义务人提出赔偿要求。

案例：

钱某，1994 年 2 月出生，2008 年 1 月被熟人带到录像厅后强奸。犯罪人被判处六年有期徒刑，在刑事附带民事诉讼中，经调解赔偿受害人 8000 元。该女孩及其父母找到律师，要求律师帮助向录像厅的经营者提起民事诉讼。律师认为，录像厅的经营者违反法律规定，让女孩进入录像厅，并且在钱某被强奸的过程中没有及时阻止犯罪人，没有尽到安全保障义务，具有过错，依法应承担相应的赔偿责任。于是律师帮助钱某向法院提起了要求录像厅经营者提供包括精神损失费在内的民事赔偿要求，后在法官的调解下，双方达成了调解协议，录像厅的经营者依法对被害人进行了赔偿。

未成年人实施性侵害行为后的民事赔偿问题

一些对女孩性侵犯的案件是由不满十四周岁的男孩实施的，虽然依照法律规定，侵害人不构成犯罪，但是监护人仍然需要承担侵权的民事赔偿责任。依照女孩利益最大化出发，律师可以采取对被害人有利的策略和技巧，将这类案件作为民事侵权案件帮助被害人主张权利，从而使其获得精神损害抚慰金等更多赔偿。

（1）按照民事侵权的规定要求赔偿

对于不满十四周岁的无刑事责任能力人实施的性侵害行为，律师可以帮助未成年被害人单独提起民事侵权赔偿诉讼。因为侵害人为不满十四周岁的男孩，不构成刑事犯罪，而刑事附带民事诉讼得不到精神损害赔偿，因此从帮助未成年被害人获得最大限度赔偿的角度看，单独提起民事诉讼对未成年被害人更有利，精神损害赔偿的请求也会得到赔偿。法院也办理过类似案件，支持了被害人的赔偿请求。

案例：

2006年，8岁的女孩徐某在看完花灯返家途中被同村不满14周岁的男孩王某强奸。徐某的身心受到了很大的伤害。徐某的法定代理人向法院提起了民事诉讼，要求王某承担医疗费、护理费、交通费等各项经济损失以及2万元的精神损害赔偿金。

依照《最高人民法院关于人民法院是否受理刑事案件被害人提起精神损害赔偿民事诉讼问题的批复》的规定，对于刑事附带民事诉讼或者刑事案件审结后另行提起的民事诉讼，受害人提出精神损害赔偿要求的，法院不予受理。法院认为，由于本案的侵害人为没有达到刑事责任年龄的人，不构成刑事犯罪，因此不适用该批复的规定。法院经过审理后，根据《最高人民法院关于确定民事侵权精神损害赔偿责任若干问题的解释》的相关规定，支持了受害人徐某的诉讼请求，判决侵权人王某赔偿徐某包括2万元精神损害抚慰金在内的损失。

（2）促成调解以帮助得到最大限度赔偿

女孩遭受不满十四周岁的男孩性侵犯后，被害人如果向法院提起了民事侵权诉讼，律师可以帮助提出调解方案，促使案件成功调解。调解解决民事赔偿问题不仅节省时间成本，有利于尽快结案，让被害人得到更多的赔偿，而且能够减少被害人的痛苦，更能保护其隐私和名誉。

案例：

3岁的小小在村里的篮球场被本村13岁的伟伟猥亵和殴打，小小身上出现了多处伤痕。小小的监护人代其到公安机关报了案。公安机关经过调查后发现伟伟不满14周岁，没有达到刑事责任年龄，作出了不予立案的决定。小小的父母代其找到律师，要求律师帮助其向法院请求民事赔偿。律师了解案件后，同被害人家长协商后，提交了代理意见。

律师认为根据《最高人民法院关于确定民事侵权精神损害赔偿责任若干问题的解释》的相关规定，侵害公民身体权和健康权提出的精神损害赔偿法院应当予以支持，虽然本案中小小的直接物质损失只有 15 元的医院检查费用，但是其受到了严重的精神伤害，并且这种伤害对其今后造成的影响难以估量。因此根据小小监护人的意见，律师多次与法院的法官沟通，努力促成案件调解，帮助小小争取精神损害赔偿。最终法院采纳了律师的意见，主持了双方进行调解，小小最终获得了 18000 元的精神损害抚慰金。

律师询问性侵害案件未成年被害人的方法及技巧

性侵害未成年被害人不同于一般的被害人，因为他们没有充分的认知能力，有的甚至还是幼儿，生理和心理遭受了创伤。不适当的询问方式会使他们一遍遍回忆痛苦的经历，受到进一步的伤害。而律师作为未成年被害人的诉讼代理人，为了了解案情和诉讼的需要，需要与未成年被害人沟通，会涉及到对其询问。律师在询问未成年被害人时应当注意以下的问题：

1. 询问之前详细了解情况，做好充分准备

律师在询问之前应详细了解案件情况和未成年被害人的情况。律师对于案件的情况详细了解后，能够使询问更加具有重点和针对性，也能够减少对女孩的不必要询问。对未成人情况的了解包括对其性格、身体、心理以及家庭的了解等，只有在充分、全面了解未成年被害人的情况下，律师才能采取最合适的询问方式，避免对其造成伤害。

律师在询问前应做好充分准备，详细、全面列出需要询问的

内容，尽量用一次询问获得自己需要的全部信息，以减少对女孩的询问次数。

2. 选择适当的询问地点

在询问场所的选择上应当听取未成年被害人的意见。如果其没有具体的意见，律师应选择一个女孩熟悉而且能够感到舒适和放松的场所。同时为询问创造一个轻松、安静的环境，使其能够自由、全面的陈述。

3. 询问时请女孩的监护人或者信任的人在场

为了增强女孩的安全感和依赖感，律师询问未成年被害人时应请女孩的监护人或者信任的人在场。这些人的在场能够消除女孩的紧张情绪，而且对于被害人不愿意触及的问题这些人能够帮助其阐示。如果律师认为有必要，也可以通过在场的成年人而间接询问未成年被害人。

4. 注意询问的方式

（1）询问前建立友好、信任的关系

律师应避免突然、直接去询问女孩，可以从关心女孩的话题开始，在正式询问前与其建立一种友好、信任的关系。律师应该向女孩表示自己有能力而且正在帮助他们，使女孩消除恐惧和不安全感，自由的陈述。

（2）语言要求

律师询问的语言应当充分考虑到未成年被害人的理解和认知能力，用符合其年龄而且简明、通俗易懂的语言询问，律师应保障询问的语言能够被女孩所充分理解，避免使用不易懂的法律和专业术语。

律师在询问未成年被害人时，要通过交流和沟通了解到更多的情况。因此律师要注意提问的方式，尽量问一些开放性的问题。除非情况需要，初次会见时应当尽量避免问只让女孩回答是或不是的问题，将陈述的机会多留给当事人。

（3）态度和语气

律师询问的态度应当亲切、和蔼、耐心，体现出关心和鼓励，认真的倾听，不应随便打断其陈述；语气应当温和适中，避免过于严肃正式，针对不同年龄的女孩使用其能够接受和放松的语气。

律师的询问应当站在女孩的角度，充分考虑到其心理感受，避免对其不愿意回答的问题反复询问，如果女孩不愿意陈述律师需要了解的情况，律师可以用侧面、间接的语言使其陈述。鼓励未成年被害人将自己的担心和恐惧等感受以及疑问向律师表达出来，表示律师会帮助他们。在询问的过程中律师应当关心女孩各方面的需要，比如是否需要喝水、是否需要停顿休息等。

（4）根据女孩的年龄和心理特点突出询问重点

未成年被害人不可能和成年人一样能够全面地回答问题。律师对最需要了解的内容，询问时可以考虑放在前面，避免询问一段时间后未成年被害人产生厌倦心理，不再回答问题。对于询问的每个具体问题，应当将需要获得的重点信息放在前面以引起女孩的注意。

（5）辅助手段的运用

对于年龄比较小的未成年被害人，在不能准确、全面表述的情况下，律师可以通过使用玩具、肢体语言等方式辅助女孩理解问题并陈述。

（6）应避免的问题

律师在询问过程中还应当注意不应暗示或者诱导女孩，使其做出律师希望的回答。而应该站在中性、客观的立场，使其能够尽量准确的陈述事实。

5. 询问时录音

为了保存律师询问的资料，避免对女孩反复询问，律师在征得女孩及其监护人同意的情况下，可以对询问内容录音。但是对于录音内容必须严格保管好，如果被泄露则侵犯了未成年被害人的隐私权。

律师对司法人员询问
未成年被害人时应提出的建议

律师在办案过程中对于司法人员在询问未成年人的过程中应提出如下的建议：

1．建议司法人员不要反复询问

侦查取证过程中司法人员的反复询问会对遭受性侵害的未成年被害人造成“二次伤害”。但司法实践中反复询问的现象仍然比较普遍。律师应建议司法人员减少询问次数，避免一人多次询问或者多人多次询问，尽量以一次询问为原则。

2．建议询问时录音录像

手段的完善是减少未成年被害人免受“二次伤害”的重要途径。对未成年被害人询问时录音录像可以固定询问的过程，保证完整性、准确性和真实性，能够有效避免多次询问。

2005 年最高人民检察院出台了《人民检察院讯问职务犯罪嫌疑人实行全程同步录音录像的规定》，并于 2006 年出台了相应的录音录像技术规范。录音录像能够全面准确的反映司法人员工作的全过程，促使司法人员依法工作。女孩作为应该优先受到保护的群体，而性侵害未成年被害人由于被反复询问而不断受到伤害，所以律师应建议司法机关积极尝试在询问女孩时同步全程录音录像。

《公安机关办理性侵害犯罪案件工作指导手册》在涉及“询问性侵害犯罪案件的未成年被害人”章节中明确提出了“一次性询问的原则”，即“为了减少询问的次数，可以使用录音带或者录像带记录询问过程和内容”。

因此律师应建议、推动司法人员在办理女孩遭受性侵害的案件时，积极推行全程录音录像制度，以一次询问为原则，避免反复询问。

3. 询问未成年被害人时通知监护人到场

2006 年修订的《女孩保护法》第五十六条第一款规定：“公安机关、人民检察院讯问未成年犯罪嫌疑人，询问未成年证人、被害人，应当通知监护人到场。”律师在办理女孩遭受性侵害的案件时，应建议司法人员在询问未成年被害人时遵守该条规定，通知其监护人到场。同时律师也应通过与未成年被害人及其监护人、办案人员沟通以及查阅案卷等方式注意司法人员有没有遵守该条规定。如果司法机关在询问未成年被害人时没有通知其监护人到场，则违反了法定的程序要求。

第七章 男孩也会遭到性侵害

男孩受到性侵害的案例

通常人们会认为男孩不会遭到性侵害，女孩更容易受到性侵犯。所以我们常会对女孩子说“放学早回家”“不要与不认识的人来往”“坐公共汽车要小心坏人”“下晚自习要跟同学结伴而行”“不要在同学家留宿”等，而对男孩子，则很少会担心这些问题。家长一般关心最多的就是叮嘱男孩子不要在外边惹是生非，不要结交坏人等等。但对于男孩子可能受到的性侵害，很少有家长叮嘱他们注意预防，他们也根本没有这方面的意识。其实，近几年，男孩受到性侵犯的案例急剧增多，男孩性权利的保护迫在眉睫。下面，我们看看近几年发生的男孩受到性侵害的案例。

（一）我国（包括台湾）男孩受到性侵害的案例

1. 13 岁男孩肛门遭师傅用充气泵充气

山东夏津县 13 岁的杜某被两名师傅将高压气泵塞进肛门中，强大的冲击力把他的肚子吹得像皮球一样。杜某随即被送往医院。经诊断，杜某的大小肠出现了二十多处破损、穿孔，多个内脏器官严重受伤。

2. 上海高中男教师被曝性侵十余名男生

多名网友同时在网上实名举报，华东师大二附中一名物理教师曾多次以“检查身体”为由，对在校中学男生做出有违师德的举动。华东师大二附中一班多名同学实名现身，表明自己当年曾是受害者。有当事人说，此事是高中阶段一件让自己十分羞愧困扰的事件。

3. 74 岁老人猥亵 5 名男童

漳州东山县一位 74 岁的孤寡老人朱某，，在一个半月时间内，以给零花钱为诱饵，多次猥亵 5 名男童，每次均猥亵 2 名以上男童。朱某归案后供认了自己的所作所为，但并没想到这是犯罪，他以为自己给了钱，儿童也是自愿的。

4. 武穴 7 岁男童遭老师性侵

在外打工的彭女士回到家乡湖北武穴市龙坪镇，带 7 岁儿子去广州看爸爸。一次，在给儿子洗澡时，彭女士发现孩子肛门处长满了肉瘤，去医院检查，儿子被查出患有肛周尖锐湿疣，人乳头瘤病毒低危型阳性。医生告诉她，孩子发病前三个月内有肛交情况。儿子告诉她，春季开学后，学校里一个男老师把他叫过去，说跟他做个交易，不许跟任何人说，如果不从，便要挨打。此后，该老师又用买零食的方法多次诱惑孩子，在学校厕所及树下多个地方对孩子性侵长达半年。

5. 关某猥亵儿童

关某，男，大学本科文化，公司职员。2013 年 3 月 3 日下午，关某以给被害人倪某（男，时年 12 岁）测试体能为由，将倪某骗至北京市某小区住宅楼，对倪某进行猥亵。2013 年 3 月 10 日下午，关某以给谷某（男，时年 11 岁）测试体能为由，将谷某骗至北京市某小区，对谷某进行猥亵。法院依法认定关某犯猥亵儿童罪，判处有期徒刑三年六个月。.

6. 新密15岁的男孩被性侵

6月的一天，15岁的小光和两名同学在新密市西广场玩耍。晚上11点，他们决定回家。此时，小光想方便一下，就向西广场一偏僻处跑去，小光在广场附近方便时，被一男子用匕首逼着带进了一辆红色马自达轿车里。上车后电话就被没收，关机，男子一边拿着匕首威胁着小光，一边开车向北边的后山驶去。到后山后，该男子拿刀威胁小光，让他把衣服脱光。性侵大约一个小时后，男子嫌玩得不过瘾，带着小光又来到市区北边一加油站附近的偏僻处，在车里折腾了小光近4个小时。小光回到家时，已是早上5点多。之后，他天天待在家里不出门，听到有人进屋，他会用被子将整个身体包裹起来，也不吃饭。该男子很快被警方抓获，其行为到底涉嫌什么罪名，说法不一。警方说，构不成强奸罪，因为我国《刑法》规定，强奸罪是指违背妇女意志，使用暴力、胁迫或者其他手段，强行与妇女发生性关系的行为。而小光是男孩，不是妇女。

分析：

首先，男子的行为是伤害他人身体的行为，而且不仅是对人身的伤害，还是对人格的伤害。其次，从损害后果上看，男孩不仅承受了身体上的痛苦，更承受了巨大的精神痛苦。如果定故意伤害罪，必须给身体造成伤害并且伤情必须达到司法鉴定部门鉴定的轻伤以上程度方可构成，而对于单纯的猥亵案件基本上不会造成什么身体伤害，对受害人的伤害主要是心理上的，对于强暴男孩的案件，更是难以做出伤害程度的鉴定。因此，对此类案件以故意伤害定罪在司法实践上存在困难。对于采取暴力手段，猥亵或强暴的同时施以暴力殴打致使受害人严重伤害的案件，以故意伤害罪定罪处罚又过于轻纵犯罪分子。

非法拘禁罪指以拘押、禁闭或其他强制方法，非法剥夺他人人身自由的行为。男子以匕首相威胁，迫使小光前往深山、车厢内与其发生性行为，时间长达几小时，被害人的人身自由受到了严重限制，精神上也高度紧张，事后精神恍惚，闭塞自己。足以认定为非法拘禁罪。在非法拘禁过程中，采取暴力、胁迫或侮辱等手段的，可以不受24小时之限制，男子的行为严重侮辱了被害人的人格尊严，持刀行为就是一种严重的胁迫行为，应以非法拘禁罪从重处罚。

7. 12岁的男孩在去诊所的路上被性侵

12岁的小军患感冒咳嗽，父亲由于工作忙，在用自行车把小军送到诊所室旁的巷口后，就让他自己去打针了。他不知道就在他转身回去的瞬间，儿子已经被一名身穿白色花衬衣的禽兽男子挟持到废置的房屋中，遭受蹂躏达4小时，还给小军脱光了衣服拍照。该男子在作案后的一小时，还留在附近徘徊，小军在脱离魔掌后认出了他，并告知父亲与舅舅，他们合力逮到了这名男子，扭送到公安机关。警察在该男子的手机里发现，除了小军的相片，还有约10名年龄在10岁左右的小男孩的裸照。这说明不知道究竟有多少男孩已像小军一样惨遭蹂躏。

男童的身体和心理均还未发育成熟，非常容易成为被性侵的对象。基于年龄所限，其反抗能力尚有限，在面对强力的性侵之时，根本无法自救。而在其合法权益遭到侵害时，却又因法律规定的不完善而诉诸无门，这样的性侵会对他们的身心健康产生极为严重的负面影响，不利于其健康成长，与法律给予未成年人特殊保护的指导思想也背道而驰。

8. 处长性侵多名男孩

13 岁的小明喜欢通过 QQ 漂流瓶结交朋友，正是通过这种方式，他认识了比自己年长 30 岁的李某，现年 43 岁的李某，是广州市某局的处长，李某半年内 6 次将小明诱骗到家中进行性侵犯。第一次性侵后，李某塞给小明 200 元钱，并告诉他："以后有什么困难，尽管找哥哥!"之后每次性侵后，都会给小明现金，还多次给他买零食吃；其间，小明曾让李某给自己购买 Q 币、MP3 等。现李某以涉嫌猥亵儿童罪被依法批捕。相关证据显示，李某通过互联网联系方式，用物质、金钱等引诱多名男童，结交并性侵的未成年人远不只小明一人，目前警方已查实的受害者暂为三名。而在他电脑的 QQ 联络名单里，竟有 160 多名 13 岁以下的未成年男孩。

分析：

猥亵儿童罪是指以刺激或满足性欲为目的，用"性交以外"的方法对儿童实施的如抠摸、亲吻等较轻的行为。而具体到李某的行为，无疑是彻底的"强奸"行为。从行为的多人多次情形看，假使他性侵的对象是女童，恐怕处 10 年以上有期徒刑或死刑也是有可能的；而在现行法律下，由于立法没有涵盖男性对女性之外的性侵害行为，所以最高刑期不过 5 年。发生性关系时只要违反当事人真实意愿，其行为实质就是"强奸"。然而我国《刑法》明文规定，强奸罪的对象是妇女。按现行《刑法》，男童性侵害案尤其是暴力性侵害案很难定罪，因为在相关立法上呈现空白点。根据《刑法》相关规定，猥亵儿童罪在量刑上比照猥亵妇女罪，处 5 年以下有期徒刑或拘役；只有"聚众"或"在公共场所当众猥亵"的，才会处 5 年以上徒刑。

9. 一顿大餐让少年坠入深渊

14岁的小青由于父母忙于做生意长期不在身边，他一直寄住在姑姑家，性格本来就有点内向的他正值青春期，身边没有朋友和家人，上网聊天成了他最大的嗜好。在网上聊得熟了之后就发展到见面，当一辆豪车停在学校门口接他的时候，小青惊呆了，车里是一个四十多岁的女人，打扮得很时髦。正在犹豫着要不要上去，阿姨冲他温柔一笑，说带他去吃大餐，于是小青上了车。吃了大餐，喝了酒，小青晕晕乎乎地和阿姨回了家，等他清醒过来，才发现身上的衣服都没了。从此小青和这个女人开始了长达两年的畸形关系，每个星期两次去她家玩，如果不去女人就威胁他要告诉学校、家长，然后又说有多喜欢多爱他，小青不敢不去。小青今年已经16岁，身高将近一米八，然而帅气的脸上没有同龄人的阳光，经常流露出的是一种玩世不恭的神色。

10. 13岁男孩遭性侵害后身亡

13岁的男孩小强到山上放牛，遇到了平时经常在一起放牛的村民岩某。岩坦40岁出头，平时说话很少，但在村中口碑很好。小强万万没有想到，这个平时自己极其信任的长辈，突然扑过来，将其拖入草丛中，强行脱掉他的裤子，按在地上强暴了他。小强被突然发生的事弄蒙了。很久以后，他才回过神来。他突然感到自己很脏，今后再也不是男孩子了。他不敢回家，直到夜幕降临才踏入家门。他对任何人都没说起发生在自己身上的事，只是觉得自己很脏，不停地用水冲掉身上的所有污痕。由于肛门损伤严重，他一直不能坐凳子，每次吃饭都是双膝下跪。这样持续了好久，家人竟没有发觉。后来他的肛门开始出血，小强担心自己要死了，这才把真相和盘托出。小强后来由于延误了治疗而不幸身亡。

小强的家人报了警，但对此类案件如何定罪，一直是难题。有人认为对这类案件可以按故意伤害罪处罚，也有人认定为侮辱罪。笔者认为，以上述两种罪名定罪处罚都不妥。

首先，如定故意伤害罪，必须给身体造成伤害并且伤情必须达到司法鉴定部门鉴定的轻伤以上程度方可构成，对于单纯的猥亵案件基本上不会造成什么身体伤害，对于强暴男童案件，更无法作伤害程度的鉴定。因此，对此类案件以故意伤害罪定罪在司法实践上存在困难。对于采取暴力手段，猥亵或强暴的同时施以暴力殴打致使受害人严重伤害的案件，以故意伤害罪定罪处罚又过于轻纵犯罪分子。故不能仅以故意伤害罪、侮辱罪对这类男孩性侵害案件定罪处罚。而需要说明的是，女性的性权利受到特殊保护，男性的性权利也应得到保护。否则，会给某些不良企图的人造成可乘之机，更使受到性侵害的男童不能得到有效保护和心理抚慰。

其次，如以侮辱罪定罪，此罪名在《刑法》第 246 条规定，仅处三年以下有期徒刑、拘役、管制或者剥夺政治权利，并且告诉的才处理。而猥亵、强暴属于严重侵犯人身权利的案件，更会给受害男童造成严重的心理或精神损害，以侮辱罪定罪处罚不能体现出罪行相应的原则，有失公平。可见，《刑法》对 14 周岁以下男童的立法保护比 14 周岁女童要弱得多。在司法实践中，有不少男童遭到性侵犯甚至被鸡奸，身心受到严重的伤害也得不到一种公平的对待，这给今后男童的安全带来很大的隐患。

11. 台湾惊爆教师性侵多名男童案

台湾媒体报道，姓胡的男教师，现年 44 岁，已婚并育有一子一女。由于有垒球专长，他被台北市和新北市的多所初中及小学聘为垒球教练。侦查发现，自称是教会牧师的胡老师，经常在教学之余邀请男童郊游嬉戏，并通过给予零用钱的方式与男童们建立起深厚感情，男童们亲切地称呼他“胡爸”。经当地检方和警方调查，“胡爸”疑似有恋童癖好，在骗取学生信任后，他将不少男学生诱骗到自己住处，趁机对男童进行性侵犯。受害男童往往因年纪太小，所以只知道要听老师的话而乖乖配合，使“胡爸”的兽行一再得逞，其中有的男童升入初中以后，还持续遭到侵犯。这名涉嫌长年利用教学之便性侵、猥亵至少 17 名男学生的教师目前已遭检方羁押。台湾“高等法院”依法对胡某以与未满 14 岁之男子猥亵、性交等罪判刑 14 年 8 个月监禁。

12. 教师冯某性侵多名男童

据台湾《中国时报》报道，28 岁的冯某，2009 年起在新北市某小学担任艺术与人文领域专长教师，同时也在某教会担任儿童主日学老师，并带领敬拜团。他假借上帝之名，两年内对 16 名男童性侵近 300 次；并声称自己是“行天父的爱”。2009 年起冯某到小学教戏剧表演，多次以单独指导的名义，让 10 ~ 12 岁男童坐在他的大腿上玩弄男童，并恐吓他们不能对外声张。2012 年 5 月间，一名男童在学校被冯某性侵，后来男童偷偷和男同学讨论，发现竟还有其他同学也被害。警方介入调查后发现校内至少有 5 名男童受害，侦讯后认为冯某恶行重大将他羁押。因冯某也在教会担任圣诞晚会艺术指导，家长怀疑可能还有小朋友受害，经牧师私下查访，教会内更有多达 11 人受害。检方调查，冯某会事先观察哪个男童较不会反抗、大声嚷嚷，随后会在课堂关灯播放影片时，找上特定男童予以性侵；犯案地点包括学校、教会及住处。若男童试图反抗，他会声称自己“被上帝授予权柄，行天父的爱”，若不从“就把你赶出教会”，还在过程中反问男童“有没有感受到爱”。而被害男童因为觉得很丢脸，所以都不敢说出去。

13. 同性恋卢某性侵多名男童

台湾媒体报道：同性恋的卢姓男子有“恋童”癖好，利用到国小打篮球的机会，认识一群年仅十一二岁的国小男童。这群小男生心智尚未成熟，卢某驾车载男童出游，提供食宿、零用钱、香烟，利诱男童与他发生性关系。有一男童的母亲发现儿子外宿后，裤袋内有300元及香烟，追问才知这是儿子遭卢姓男子性侵的代价；再询问儿子的友人，让她更加震惊，与儿子一同打篮球的五名男童，三年来先后遭卢某性侵。以金钱利诱六名男童到他的租住处性侵、猥亵，台中地院认为他严重侵害少男身心，性质恶劣，最近以强制性交等罪判刑十年。

（二）外国性侵害男孩案例

1. 美国一男性高尔夫教练性侵三名男童，被判27年监禁

美联社消息，32岁的安德鲁从2006年开始在加州一高尔夫俱乐部当教练，被指控于2009～2012年期间性侵犯3名12～17岁的男孩。他承认了自己的7项罪行，包括雇佣谋杀、性侵儿童等。2013年12月，他因为性侵男童，并雇凶杀人灭口而遭到65项重罪指控被判27年监禁。

2. 一名美国医生侵犯两名未成年的柬埔寨男孩

新加坡《联合早报》报道，来自密歇根州的谢泼德（68岁）在金边一家私人诊所任职，柬埔寨反恋童癖组织在2007年发现谢泼德与两名男孩进入当地一家酒店后，就开始监视他的一举一动。2013年7月性侵两名12岁和14岁的兄弟后，于金边被捕，被柬埔寨法院判处10年刑期。

为什么要保护男孩性权利

在现实中，有一个普遍的错误认识就是女孩才会受到性别角色的危害。一提到性侵害，一般人就以为是男孩侵害女孩，其实，这是一种误解。因此，要有效地保护每个人的性权利，实现法律的平等和公正，我们应该重新认识社会性别的影响。

人类分男、女两大性别，性侵害的排列组合自然也就有四种：男孩侵犯女孩、男孩侵犯男孩、女孩侵犯女孩、女孩侵犯男孩。在本来存在的这四种侵害中，人们长期以来只注意了男孩侵犯女孩，而忽视了其他三种。这种错误认识可能有两个方面的原因，一是传统观念已经为女孩安排了一个处于从属和弱小的地位，她们总是扮演着需要保护的角色。其消极影响比男孩大。二是由于这种从属性，女权运动对角色特别关注，并对女孩的受压迫性进行了令人信服的分析。可事实上男孩同样也是社会性别的受害者，如成功的压力、情感的压抑和男孩形象等。在他们遭受性侵犯时其恐慌程度或压力都要比女孩大。

男孩性权利受到侵犯主要有两种情况：一种是男孩对男孩的

性侵犯，还有一种就是女孩对男孩的性侵犯。

男孩对男孩的性侵犯主要表现在男孩同性恋者对男孩的性侵犯。具体表现为男同性恋者对男孩的强制猥亵、侮辱等，也有可能出现以暴力手段强制与男孩发生性关系的情况。发生性关系的途径主要以肛交为主。

女孩对男孩的性侵犯主要表现在：女孩利用酒醉或者药物麻醉的方法，致使男孩不能反抗，后利用抚摸、刺激男孩的敏感部位，违背男孩意志和男孩发生性关系。或者利用药物刺激男孩，致使男孩和她发生性关系。

男孩受到性侵犯后，由于社会舆论、道德传统等因素的影响，也由于没有相应的法律法规的保护，所以往往不愿或者不能到公安机关报案，就算报了案，公安机关也无法对侵犯行为人采取立案侦查。现行法律对男孩性权利的保护还是一个空白。

可以说，关于这方面的问题，在立法上有缺失。由于我们在处理此类案件过程中的法律空白，致使一些受害人不愿向公安机关求助。由于存在一些较为普遍的放任现象，许多当事人的家长考虑到孩子的“名声”问题，往往选择了不报案和忍气吞声。而这实际上是对犯罪行为的放纵和对法律的一种不认同，导致了许多案件在侵犯很多人、维持很多年后才会事发。因此，必须正视法律真空带来的负面影响，因为它可能会引发更多的隐性案件。

男孩为何屡遭性侵害

表面上看由于小男孩反抗能力弱，容易控制，选择小男孩，往往容易得手。实质上是我国立法存在不足。我国目前没有“强奸幼男”罪，现行《刑法》中对强奸的定义还只针对女孩。男孩所遇到的性侵害更具隐蔽性，对男孩的性侵害尤为漠视。家长们大多知道女孩遭遇性侵害的危险，所以相比男孩，女孩会得到更多的忠告和警示。在很多人的意识里，男孩是不会遭遇性侵的，而事实上，在这种心态下，男孩被性侵往往被漠视，有时候后果更加恶劣，伤害更大。男孩一旦被实施了性侵犯，可能表现为情绪紧张、恐惧、对人失去基本信任、认为自己不洁、厌烦过去喜欢的活动等，如果事后没有获得适当的关怀和引导，很可能影响他今后对异性的看法和他的性取向。有一部分同性恋者就是小时候和成年同性发生性行为而形成的。另外，男孩由于性格原因，不像女孩子那样有什么事爱和妈妈说，他们一般不表露自己的内心感受，遇到问题更是隐忍不发，他们要克服的来自外部的阻力更大。

一、男孩性教育的缺失

男孩遭遇性侵害事件如此之多，与整个社会忽视性教育，特别是男孩性教育的大环境有相当大关系。男孩受到性骚扰很大程度上来自于教育者的忽视。男孩受到性侵犯的最大原因就是学校和家长观念陈旧，总以为男孩不会有这方面的困扰。

在中国，强调重视儿童性教育是近几年才开始的事儿，但是在很多地方，学校和家长对孩子的性教育重视程度都还不够，还有很多孩子甚至从来没接受过性教育，这导致他们即使遭遇了性侵害也浑然不知，或者不知道该向谁寻求帮助。通常看来，女生遭到猥亵的概率大于男生，这导致社会各方面对男孩性教育的重视程度低于女生。当下对未成年人的性教育比较薄弱，而对男孩的性教育几乎是空白。目前学校的性教育内容，主要是针对女孩进行防范教育；在很多老师心目中，性侵害似乎和男孩子没有关系。从性侵害角度看，男孩本来是最令老师“放心”的一个群体。男孩受到性骚扰很大程度上来自于教育者的忽视。男孩受到性侵犯最大原因就是学校和家长观念陈旧，总以为男孩不会有这方面的困扰。

而相比女孩而言，承认自己曾经遭受性侵犯是一件非常丢脸的事情。社会文化导向使男孩不愿承认自己曾遭受性虐待。许多遭受性虐待的男孩不去正视此事，也不愿向他人寻求帮助。这很有可能使他们的心理极端化，很多人从而产生自卑感。这也使得通常发生在同性恋之间的性侵犯行为在伤害事件发生后，男孩自己并不会去报案。沉默，是男孩遭遇性侵犯之后最为普遍的选择。

二、现行刑法对男孩性权利的保护不足

在我国，目前并没有“强奸幼男”罪，现行《刑法》中对强

奸的定义还只针对女性。对于此类犯罪，我国目前的法律没有明确的罪名，司法实践中多是按猥亵儿童罪或者故意伤害罪进行处罚。正是由于这种失衡的法律缺陷，刑法无法打击此类犯罪行为。

（一）我国刑法对强奸罪的规定存在的问题

《中华人民共和国刑法》分则第二百三十六条规定：以暴力、胁迫或者其他手段强奸妇女的，处三年以上十年以下有期徒刑。奸淫不满十四周岁的幼女的，以强奸论，从重处罚。强奸妇女、奸淫幼女，有下列情形之一的，处十年以上有期徒刑、无期徒刑或者死刑：

（1）强奸妇女、奸淫幼女情节恶劣的；

（2）强奸妇女、奸淫幼女多人的；

（3）在公共场所当众强奸妇女的；

（4）二人以上轮奸的；

（5）致使被害人重伤、死亡或者造成其他严重后果的。

第二百三十七条　以暴力、胁迫或者其他方法强制猥亵妇女或者侮辱妇女的，处五年以下有期徒刑或者拘役。

聚众或者在公共场所当众犯前款罪的，处五年以上有期徒刑。

猥亵儿童的，依照前两款的规定从重处罚。

这是我国刑法典关于强奸罪及猥亵妇女、儿童罪的规定。

刑法理论认为：强奸罪，是指以暴力、胁迫或者其他手段，违背妇女意志，强行与妇女性交的行为。其特征是：1. 侵犯的客体是妇女的性自由权利。妇女的性权利，是指妇女生命存续时根据自己的意愿发生性行为的权利。2. 客观方面表现为以暴力、胁迫或其他手段，违背妇女意志，强行与之性交的行为。违背妇女意志，强行与之性交，是强奸罪的本质特征。这里的暴力，是指以殴打、伤害、捆绑、按到、强拉硬拽等，使被害妇女不敢、不能反抗，对其人身实行强制的手段。胁迫，使指以杀害、伤害、职权、地位、揭发隐私等相威胁、恫吓使被害妇女不敢反抗，对其进行精神强制的手段。其他手段，使指暴力、胁迫手段外，其他使被害妇女不知反抗或不能反抗的手段，如用药麻醉、用酒灌醉等。3. 本罪的犯罪主体是年满 14 周岁，具备刑事责任能力的男孩。4. 本罪的主观方面是直接故意，并且具有违背妇女意志强行与之发生性交的故意内容。

我国现行法认为强奸罪的犯罪对象是妇女，犯罪客体在法学界存在一定争论，比较通行的观点是妇女的性的不可侵犯的权利。

这里的“不可侵犯”究竟侵犯的是谁的权利？大多数人认为这根本不是问题，当然是妇女的性权利，即妇女按照自己的意志决定正当性行为的权利。然而，细究起来恐怕不是这么简单：既然性权利不可侵犯，那么为何法律只规定了女孩的性权利受到保护而置男孩的性权利而不顾？难道男孩的性权利不存在或者不重要吗？显然没有人会承认这点。

我国现行法律之所以这样规定，主要是受社会性别刻板模式的影响。人的存在，一半是作为社会的人，另一半是作为自然的动物而生存着。人同样也存有着作为人的自然属性的一面。男女两性的自然属性决定着男女在生理上的差异不可等同。男女间的性爱是人类生活所必不可少的，但是男女生理上的差异使得男女双方各自对性的需求与满足在空间和时间上很难达到和谐的一致。例如男孩在平时生活中相对与女孩所要从事的体力劳动量要大，所以一般男子的体格健壮，在对性生活的需求量上相对于一般女孩也要强烈，且对性的要求也比较主动。而一般的女孩由于先天的因素，体格相对于男孩较弱，在性格上比较含蓄内向，对性生活的需求经常持着被动的态度。在传统的性别文化中，男孩始终被视为一个强势的群体，无论在权利的控制和资源的分配方面都强于女孩。一旦女孩与男孩发生了性行为，“就成了他的人了”。因而，当男女双方发生了性关系，人们往往是觉得是男方占了女方的便宜。这种思想就逐渐发展成认为男孩的性权利主要体现在自己对某个女孩个体在性方面的独立占有上，这种独占表现为自身独立享有并不受他人的侵犯。因此，从一定意义上说，“不可侵犯”实际还蕴涵着的一层意思是男孩对女孩的独占权不可侵犯。

随着社会的发展进步，特别是人权被写入我国宪法，可以想见，这一观点必将受到越来越多人的反对。强奸罪的犯罪客体应该是每个人的性的自由权利，即每个人都有权自愿选择是否与他人进行性行为，同时，应该将男孩增加到强奸罪的犯罪对象之中。

（二）我国刑法对猥亵罪规定的不足

对于猥亵罪，按照刑法学的观点，本罪的主体是特殊主体，男孩才能构成，女孩可以成为本罪的共犯；在主观上是直接故意，行为人一般具有满足自己异常性要求或使被害妇女当场出丑难堪的目的；侵害的客体是复杂客体，既侵害了妇女的人身权利，又侵害了社会秩序；客观方面表现为以暴力、胁迫或者其他方法，强制猥亵、侮辱妇女，以寻求性刺激、性满足的行为。

根据前面的分析，我国刑法学将猥亵罪的对象仅仅圈定为妇女及儿童似乎也略显狭窄，男性也应该有作为猥亵罪犯罪侵害对象的资格。猥亵犯罪侵犯的是公民的人身权利，这是一项最基本的权利，我们所强调的在法律面前人人平等，是具体的、事实上的平等，对性犯罪而言，由于男女生理结构不同，在刑法的规定上理应有所不同，这并不意味着权利有所差异，恰恰是保证事实平等的必要手段。例如，强奸罪和奸淫幼女罪的犯罪对象都只能是女孩，不过就卖淫而言，虽然大部分实施者为女孩，但男孩也可实施，且近年来男孩为同性或异性提供有偿性服务的现象有增无减。所以，刑法中组织卖淫罪、强迫卖淫罪、协助组织卖淫罪、引诱容留介绍卖淫罪的犯罪对象均为“他人”，即既可以为女人，也可以为男人。以上两例，虽然规定不同，但都较好地实现了公民权利保护事实上的平等这一目的。然而，刑法中对于强制猥亵的规定明确指出犯罪对象仅限于妇女则与客观实际明显不符，致使 14 周岁以上男孩尤其是已满 14 周岁不满 18 周岁的未成年男孩的合法权利得不到保护，或者说，他们受到了事实上的不平等对待。

其次，在实践中，对男孩尤其是不满 18 周岁的男孩的性侵犯不仅在国内，而且在世界范围内都呈愈演愈烈之势。侵犯者多为男孩，但也不乏女孩。侵犯者往往利用医患关系、师生关系、师徒关系、职权关系等，采用威胁、恐吓或灌醉、麻醉等手段，违背被侵犯者意志对其或迫使其对自己或第三人进行猥亵，包括鸡奸、手淫、口淫、抠摸等行为，也包括让男孩与自己或第三人性交等行为。受害人尤其是未满 18 岁的未成年人往往在心理上受到极大的伤害，甚至可能导致性心理出现偏差，给受害人一生带来痛苦。这当中只有对不满 14 周岁的男童进行猥亵才能受到刑罚制裁，而其余的均不构成犯罪，受害人顶多只能提起民事诉讼，这显然是远远不够的，甚至可能使侵犯者因为发现这一漏洞而有恃无恐。

三、我国对男孩遭受性侵害的法律保护要明显弱于女孩

由于我国刑法在对男孩的性权利的保护仅有猥亵儿童罪之规定，使得在对男孩的保护中与女孩相比也缺乏公平性。《刑法》第二百三十条规定："奸淫不满十四岁的幼女的，以强奸论，从重处罚 "第三款又规定：强奸妇女、奸淫幼女情节恶劣的，强奸妇女、奸淫幼女多人的处十年以上有期徒刑、无期徒刑或者死刑。而猥亵儿童罪是从以前的流氓罪中分离出来的，猥亵儿童罪还没有具体区分性别。根据我国《刑法》第二百三十七条之规定：以暴力、胁迫或者其他方法强制猥亵妇女或者侮辱妇女的，处五年以上有期徒刑，猥亵儿童的依照前两款的规定从重处罚。以猥亵方式性侵未成年男女的，都应以猥亵儿童罪从重处罚，两者刑罚一致。但若以奸淫方式性侵未成年男女的，则有较大不同：目前法律将强奸罪的侵犯对象严格界定于"妇女"和"幼女"，不包括男性。未成年幼女受到特别保护，按《刑法》第二百三十六条的规定，奸淫幼女的，以强奸罪从重处罚，以十年为施害人的量刑下限；奸淫未成年男性的，却无独立"罪名"可适用，而是继续将其归入"猥亵儿童罪"论处，也就是说，针对男童的性侵犯罪，不管是猥亵还是奸淫，都适用同一罪名，以五年为施害人的量刑上限。

可见，刑法对十四周岁以下男孩的刑法保护比十四周岁以下的女孩要弱。十四周岁以下男童遭受性侵犯，虽然量刑不够准确，但是最起码还有一个"猥亵儿童罪"可以比照，可是，对十四周岁以上男孩遭受性侵害的法律救济干脆就无法可依，因为针对男性的猥亵或者强奸都没有入刑。当对女孩性权利的保护已经越来越完善的时候，对男孩遭受性侵犯法律该如何保护？目前，对男孩强奸者最多的惩罚也就是治安行政处罚和民事赔偿，所以

受害者获得补偿的几率并不大。

因此，刑法对于强奸罪的适用范围也需要进行扩大，将男性纳入被保护的对象。只有这样，才能使 14 岁以上的男孩受到更好的保护，不给坏人可钻的法律漏洞。

国外及我国台湾的法律规定值得借鉴

我国的传统性文化一直是以男性为中心的性文化，这造就了性伦理中女性持续的弱势角色。男权社会中男性的特权和优势首先表现在性生活领域，性霸权既是男权社会的基础，又是男权社会最突出的特征。因此，现代社会将强奸罪规定为男对女的暴力性行为立法，既不是来自于男女生理结构的本质特点，也不是来源于社会的客观现实，而是来自于立法者的主观建构，这是男权主义思维惯性在现代社会的表现。这种潜在的思维模式延续至今，从而导致刑法理论界对于强奸罪的理解也带有“性别假定”的思维定势，忽视男孩被强奸的情况。

男女在身体侵犯表现出的差异主要来自社会对传统性别角色的不同定义。社会因素肯定会造成一定的差异，因而早期西方国家刑法也大多将强奸罪的主体规定为男性。德国1975年刑法典的强奸罪还是指“强迫妇女”，直到1998年新版刑法典，才将规定更改为“强迫他人”；法国也是在1994年重订《刑法典》时，才将第222条、223条强奸罪的受害者明文规定为“他人”，包括男人和女人。由此可见，强奸罪即男子强奸女子是一个全世界范围约定俗成的语义，与之相关的立法理念也是受传统的社会意识和伦理道德观念影响的结果。

直到20世纪60至70年代，西方世界爆发的“女权主义运动”，张扬女性的主体意识，对男权社会的主流意识和社会制度进行了批判和解构。与此相呼应的，在20世纪的最后20年里，许多国家都与时俱进修改了强奸罪的定义，突出对男性性权利的保护。尤其对强奸罪的主体、对象进行了修改。我国台湾1999年的《妨害性自由罪章》亦将强奸罪的对象由“妇女”修改规定为“男女”。我国香港、澳门地区，对于“非礼”“鸡奸”等行为，也都没有限定犯罪人和被害人的性别。2012年1月6日，美国奥巴马政府宣布将首度扩大“强奸”一词的定义，首度把男性列入受害人。无论任何原因、有无使用暴力，只要未取得受害者同意而与之发生性行为，就属于强奸。这是美国八十多年来首次对“强奸”定义作出重大修改。可见，无论是大陆法系还是英美法系，当今世界上主要国家和地区均对男性性权利有不同程度的保护。

其实在国外的不少法律法规已经走在前头，对于预防幼儿性侵和惩处相关罪案方面，非常值得我们借鉴。国外立法对男性性权利的保护相对健全。俄罗斯对侵犯女性有专门的强奸罪，侵犯男性则有性暴力罪；加拿大设有性侵犯罪（无论男女）；在美国、澳大利亚都有过女性强奸男性而受到刑事处罚的判例；美国的许多州强奸罪的受害对象不单指女性。而男孩之间双方自愿的肛交行为，在美国多数州也被规定为犯罪。在英国《1967年性犯罪法》中被规定为鸡奸罪；非自愿的情形，在英国《1956年性犯罪法》中设有实施有鸡奸意图的侵犯罪、男人之间的猥亵罪。

值得借鉴的是，日本刑法规定，使用暴力、胁迫猥亵13周岁以上的男女，构成强制猥亵罪。猥亵不满13周岁的男女，也构成强制猥亵罪，并且未遂行为要受处罚。法国刑法规定有强奸以外的性侵犯罪，也是指非自愿情形。在我国刑法中，这种非自愿的猥亵行为，只有在侵犯妇女的情况下才构成犯罪（猥亵不满14周岁男女的，推定为违背儿童意愿）。

我国台湾地区，他们在保护未成年人方面出台的规定更为缜密。如在罪名设定上，有“强制猥亵罪”“加重强制猥亵罪”“强制性交罪”“加重强制性交罪”等。另外，台湾也将男童列为强制性交罪的保护对象，对男童性侵的罪犯，可按“强制性交罪”、“加重强制性交罪”论处。台湾还将“利用权势性交或猥亵罪”列入其刑事规定。对于因亲属、监护、教养、教育、训练、救济、医疗、公务、业务或其他相类关系受自己监督、扶助、照顾之人，利用权势和机会性交者，处6个月以上5年以下有期徒刑。有前项情形而猥亵者，处3年以下有期徒刑。

2014年10月27日，刑法修正案（九）草案提交十二届全国人大常委会第十一次会议初次审议，其中出现了一条引人注意的修改，草案将“强制猥亵妇女”修改为“强制猥亵他人”，仅仅两个字的改变，却填补了一个法律空白，因为它使保护对象扩大到男性群体。我们期待着我国刑法能够扩大强奸罪的范围，将男性也作为侵害对象予以保护。

附录：

最高人民法院、最高人民检察院、公安部、司法部印发《关于依法惩治性侵害未成年人犯罪的意见》的通知

1. 2013 年 10 月 23 日最高人民法院、最高人民检察院、公安部、司法部公布　2. 法发〔2013〕12 号

各省、自治区、直辖市高级人民法院、人民检察院、公安厅（局）、司法厅（局），解放军军事法院、军事检察院，新疆维吾尔自治区高级人民法院生产建设兵团分院，新疆生产建设兵团人民检察院、公安局、司法局：

为依法惩治性侵害未成年人犯罪，加大对未成年人合法权益的司法保护，现将《最高人民法院、最高人民检察院、公安部、司法部关于依法惩治性侵害未成年人犯罪的意见》印发给你们，请认真贯彻执行。最高人民法院、最高人民检察院、公安部、司法部关于依法惩治性侵害未成年人犯罪的意见为依法惩治性侵害未成年人犯罪，保护未成年人合法权益，根据刑法、刑事诉讼法和未成年人保护法等法律和司法解释的规定，结合司法实践经验，制定本意见。

一、基本要求

1. 本意见所称性侵害未成年人犯罪，包括刑法第二百三十六条、第二百三十七条、第三百五十八条、第三百五十九条、第三百六十条第二款规定的针对未成年人实施的强奸罪，强制猥亵、侮辱妇女罪，猥亵女孩罪，组织卖淫罪，强迫卖淫罪，引诱、容留、介绍卖淫罪，引诱幼女卖淫罪，嫖宿幼女罪等。

2. 对于性侵害未成年人犯罪，应当依法从严惩治。

3. 办理性侵害未成年人犯罪案件，应当充分考虑未成年被害人身心发育尚未成熟、易受伤害等特点，贯彻特殊、优先保护原则，切实保障未成年人的合法权益。

4. 对于未成年人实施性侵害未成年人犯罪的，应当坚持双向保护原则，在依法保护未成年被害人的合法权益时，也要依法保护未成年犯罪嫌疑人、未成年被告人的合法权益。

5. 办理性侵害未成年人犯罪案件，对于涉及未成年被害人、未成年犯罪嫌疑人和未成年被告人的身份信息及可能推断出其身份信息的资料和涉及性侵害的细节等内容，审判人员、检察人员、侦查人员、律师及其他诉讼参与人应当予以保密。对外公开的诉讼文书，不得披露未成年被害人的身份信息及可能推断出其身份信息的其他资料，对性侵害的事实注意以适当的方式叙述。

6. 性侵害未成年人犯罪案件，应当由熟悉未成年人身心特点的审判人员、检察人员、侦查人员办理，未成年被害人系女性的，应当有女性工作人员参与。人民法院、人民检察院、公安机关设有办理未成年人刑事案件专门工作机构或者专门工作小组的，可以优先由专门工作机构或者专门工作小组办理性侵害未成年人犯罪案件。

7．各级人民法院、人民检察院、公安机关和司法行政机关应当加强与民政、教育、妇联、共青团等部门及未成年人保护组织的联系和协作，共同做好性侵害未成年人犯罪预防和未成年被害人的心理安抚、疏导工作，从有利于未成年人身心健康的角度，对其给予必要的帮助。

8．上级人民法院、人民检察院、公安机关和司法行政机关应当加强对下指导和业务培训。各级人民法院、人民检察院、公安机关和司法行政机关要增强对未成年人予以特殊、优先保护的司法理念，完善工作机制，提高办案能力和水平。

二、办案程序要求

9．对未成年人负有监护、教育、训练、救助、看护、医疗等特殊职责的人员（以下简称负有特殊职责的人员）以及其他公民和单位，发现未成年人受到性侵害的，有权利也有义务向公安机关、人民检察院、人民法院报案或者举报。

10．公安机关接到未成年人被性侵害的报案、控告、举报，应当及时受理，迅速进行审查。经审查，符合立案条件的，应当立即立案侦查。公安机关发现可能有未成年人被性侵害或者接报相关线索的，无论案件是否属于本单位管辖，都应当及时采取制止违法犯罪行为、保护被害人、保护现场等紧急措施，必要时，应当通报有关部门对被害人予以临时安置、救助。

11．人民检察院认为公安机关应当立案侦查而不立案侦查的，或者被害人及其法定代理人、对未成年人负有特殊职责的人员据此向人民检察院提出异议的，人民检察院应当要求公安机关说明不立案的理由。人民检察院认为不立案理由不成立的，应当通知公安机关立案，公安机关接到通知后应当立案。

12. 公安机关侦查未成年人被性侵害案件，应当依照法定程序，及时、全面收集固定证据。及时对性侵害犯罪现场进行勘查，对未成年被害人、犯罪嫌疑人进行人身检查，提取体液、毛发、被害人和犯罪嫌疑人指甲内的残留物等生物样本，指纹、足迹、鞋印等痕迹，衣物、纽扣等物品；及时提取住宿登记表等书证，现场监控录像等视听资料；及时收集被害人陈述、证人证言和犯罪嫌疑人供述等证据。

13. 办案人员到未成年被害人及其亲属，未成年证人所在学校、单位、居住地调查取证的，应当避免驾驶警车、穿着制服或者采取其他可能暴露被害人身份，影响被害人名誉、隐私的方式。

14. 询问未成年被害人，审判人员、检察人员、侦查人员和律师应当坚持不伤害原则选择未成年人住所或者其他让未成年人心理上感到安全的场所进行，并通知其法定代理人到场。无法通知、法定代理人不能到场或者法定代理人是性侵害犯罪嫌疑人、被告人的，也可以通知未成年被害人的其他成年亲属或者所在学校、居住地基层组织、未成年人保护组织的代表等有关人员到场，并将相关情况记录在案。询问未成年被害人，应当考虑其身心特点，采取和缓的方式进行。对与性侵害犯罪有关的事实应当进行全面询问，以一次询问为原则，尽可能避免反复询问。

15. 人民法院、人民检察院办理性侵害未成年人案件，应当及时告知未成年被害人及其法定代理人或者近亲属有权委托诉讼代理人，并告知其如果经济困难，可以向法律援助机构申请法律援助。对需要申请法律援助的，应当帮助其申请法律援助。法律援助机构应当及时指派熟悉未成年人身心特点的律师为其提供法律帮助。

16. 人民法院、人民检察院、公安机关办理性侵害未成年人犯罪案件，除有碍案件办理的情形外，应当将案件进展情况、案件处理结果及时告知被害人及其法定代理人，并对有关情况予以说明。

17. 人民法院确定性侵害未成年人犯罪案件开庭日期后，应当将开庭的时间、地点通知未成年被害人及其法定代理人。未成年被害人的法定代理人可以陪同或者代表未成年被害人参加法庭审理，陈述意见，法定代理人是性侵害犯罪被告人的除外。

18. 人民法院开庭审理性侵害未成年人犯罪案件，未成年被害人、证人确有必要出庭的，应当根据案件情况采取不暴露外貌、真实声音等保护措施。有条件的，可以采取视频等方式播放未成年人的陈述、证言，播放视频亦应采取保护措施。

三、准确适用法律

19. 知道或者应当知道对方是不满十四周岁的幼女，而实施奸淫等性侵害行为的，应当认定行为人“明知”对方是幼女。对于不满十二周岁的被害人实施奸淫等性侵害行为的，应当认定行为人“明知”对方是幼女。对于已满十二周岁不满十四周岁的被害人，从其身体发育状况、言谈举止、衣着特征、生活作息规律等观察可能是幼女，而实施奸淫等性侵害行为的，应当认定行为人“明知”对方是幼女。

20. 以金钱财物等方式引诱幼女与自己发生性关系的；知道或者应当知道幼女被他人强迫卖淫而仍与其发生性关系的，均以强奸罪论处。

21. 对幼女负有特殊职责的人员与幼女发生性关系的，以强奸罪论处。对已满十四周岁的未成年女性负有特殊职责的人员，利用其优势地位或者被害人孤立无援的境地，迫使未成年被害人就范，而与其发生性关系的，以强奸罪定罪处罚。

22. 实施猥亵女孩犯罪，造成女孩轻伤以上后果，同时符合刑法第二百三十四条或者第二百三十二条的规定，构成故意伤害罪、故意杀人罪的，依照处罚较重的规定定罪处罚。对已满十四周岁的未成年男性实施猥亵，造成被害人轻伤以上后果，符合刑法第二百三十四条或者第二百三十二条规定的，以故意伤害罪或者故意杀人罪定罪处罚。

23. 在校园、游泳馆、女孩游乐场等公共场所对未成年人实施强奸、猥亵犯罪，只要有其他多人在场，不论在场人员是否实际看到，均可以依照刑法第二百三十六条第三款、第二百三十七条的规定，认定为在公共场所“当众”强奸妇女，强制猥亵、侮辱妇女，猥亵女孩。

24. 介绍、帮助他人奸淫幼女、猥亵女孩的，以强奸罪、猥亵女孩罪的共犯论处。

25. 针对未成年人实施强奸、猥亵犯罪的，应当从重处罚，具有下列情形之一的，更要依法从严惩处：

（1）对未成年人负有特殊职责的人员、与未成年人有共同家庭生活关系的人员、国家工作人员或者冒充国家工作人员，实施强奸、猥亵犯罪的；

（2）进入未成年人住所、学生集体宿舍实施强奸、猥亵犯罪的；

（3）采取暴力、胁迫、麻醉等强制手段实施奸淫幼女、猥亵女孩犯罪的；

（4）对不满十二周岁的女孩、农村留守女孩、严重残疾或者精神智力发育迟滞的未成年人，实施强奸、猥亵犯罪的；

（5）猥亵多名未成年人，或者多次实施强奸、猥亵犯罪的；

（6）造成未成年被害人轻伤、怀孕、感染性病等后果的；

（7）有强奸、猥亵犯罪前科劣迹的。

26. 组织、强迫、引诱、容留、介绍未成年人卖淫构成犯罪的，应当从重处罚。强迫幼女卖淫、引诱幼女卖淫的，应当分别按照刑法第三百五十八条第一款第（二）项、第三百五十九条第二款的规定定罪处罚。对未成年人负有特殊职责的人员、与未成年人有共同家庭生活关系的人员、国家工作人员，实施组织、强迫、引诱、容留、介绍未成年人卖淫等性侵害犯罪的，更要依法从严惩处。

27. 已满十四周岁不满十六周岁的人偶尔与幼女发生性关系，情节轻微、未造成严重后果的，不认为是犯罪。

四、其他事项

28. 对于强奸未成年人的成年犯罪分子判处刑罚时，一般不适用缓刑。对于性侵害未成年人的犯罪分子确定是否适用缓刑，人民法院、人民检察院可以委托犯罪分子居住地的社区矫正机构，就对其宣告缓刑对所居住社区是否有重大不良影响进行调查。受委托的社区矫正机构应当及时组织调查，在规定的期限内将调查评估意见提交委托机关。对于判处刑罚同时宣告缓刑的，可以根据犯罪情况，同时宣告禁止令，禁止犯罪分子在缓刑考验期内从事与未成年人有关的工作、活动，禁止其进入中小学校区、幼儿园园区及其他未成年人集中的场所，确因本人就学、居住等原因，经执行机关批准的除外。

29. 外国人在我国领域内实施强奸、猥亵未成年人等犯罪的，应当依法判处，在判处刑罚时，可以独立适用或者附加适用驱逐出境。对于尚不构成犯罪但构成违反治安管理行为的，或者因实施性侵害未成年人犯罪不适宜在中国境内继续停留居留的，公安机关可以依法适用限期出境或者驱逐出境。

30. 对于判决已生效的强奸、猥亵未成年人犯罪案件，人民法院在依法保护被害人隐私的前提下，可以在互联网公布相关裁判文书，未成年人犯罪的除外。

31. 对于未成年人因被性侵害而造成的人身损害，为进行康复治疗所支付的医疗费、护理费、交通费、误工费等合理费用，未成年被害人及其法定代理人、近亲属提出赔偿请求的，人民法院依法予以支持。

32. 未成年人在幼儿园、学校或者其他教育机构学习、生活期间被性侵害而造成人身损害，被害人及其法定代理人、近亲属据此向人民法院起诉要求上述单位承担赔偿责任的，人民法院依法予以支持。

33. 未成年人受到监护人性侵害，其他具有监护资格的人员、民政部门等有关单位和组织向人民法院提出申请，要求撤销监护人资格，另行指定监护人的，人民法院依法予以支持。

34．对未成年被害人因性侵害犯罪而造成人身损害，不能及时获得有效赔偿，生活困难的，各级人民法院、人民检察院、公安机关可会同有关部门，优先考虑予以司法救助。

最高人民法院、最高人民检察院、公安部、民政部近日联合印发《关于依法处理监护人侵害未成年人权益行为若干问题的意见》

最高人民法院、最高人民检察院、公安部、民政部近日联合印发《关于依法处理监护人侵害未成年人权益行为若干问题的意见》，该意见2015年1月1日实施。全文如下：

为切实维护未成年人合法权益，加强未成年人行政保护和司法保护工作，确保未成年人得到妥善监护照料，根据民法通则、民事诉讼法、未成年人保护法等法律规定，现就处理监护人侵害未成年人权益行为（以下简称监护侵害行为）的有关工作制定本意见。

一、一般规定

1. 本意见所称监护侵害行为，是指父母或者其他监护人（以下简称监护人）性侵害、出卖、遗弃、虐待、暴力伤害未成年人，教唆、利用未成年人实施违法犯罪行为，胁迫、诱骗、利用未成年人乞讨，以及不履行监护职责严重危害未成年人身心健康等行为。

2. 处理监护侵害行为，应当遵循未成年人最大利益原则，充分考虑未成年人身心特点和人格尊严，给予未成年人特殊、优先保护。

3. 对于监护侵害行为，任何组织和个人都有权劝阻、制止或者举报。

公安机关应当采取措施，及时制止在工作中发现以及单位、个人举报的监护侵害行为，情况紧急时将未成年人带离监护人。

民政部门应当设立未成年人救助保护机构（包括救助管理站、未成年人救助保护中心），对因受到监护侵害进入机构的未成年人承担临时监护责任，必要时向人民法院申请撤销监护人资格。

人民法院应当依法受理人身安全保护裁定申请和撤销监护人资格案件并作出裁判。

人民检察院对公安机关、人民法院处理监护侵害行为的工作依法实行法律监督。

人民法院、人民检察院、公安机关设有办理未成年人案件专门工作机构的，应当优先由专门工作机构办理监护侵害案件。

4. 人民法院、人民检察院、公安机关、民政部门应当充分履行职责，加强指导和培训，提高保护未成年人的能力和水平；加强沟通协作，建立信息共享机制，实现未成年人行政保护和司法保护的有效衔接。

5. 人民法院、人民检察院、公安机关、民政部门应当加强与妇儿工委、教育部门、卫生部门、共青团、妇联、关工委、未成年人住所地村（居）民委员会等的联系和协作，积极引导、鼓励、支持法律服务机构、社会工作服务机构、公益慈善组织和志愿者等社会力量，共同做好受监护侵害的未成年人的保护工作。

二、报告和处置

6. 学校、医院、村（居）民委员会、社会工作服务机构等单位及其工作人员，发现未成年人受到监护侵害的，应当及时向公安机关报案或者举报。

其他单位及其工作人员、个人发现未成年人受到监护侵害的，也应当及时向公安机关报案或者举报。

7. 公安机关接到涉及监护侵害行为的报案、举报后，应当立即出警处置，制止正在发生的侵害行为并迅速进行调查。符合刑事立案条件的，应当立即立案侦查。

8. 公安机关在办理监护侵害案件时，应当依照法定程序，及时、全面收集固定证据，保证办案质量。

询问未成年人，应当考虑未成年人的身心特点，采取和缓的方式进行，防止造成进一步伤害。

未成年人有其他监护人的，应当通知其他监护人到场。其他监护人无法通知或者未能到场的，可以通知未成年人的其他成年亲属、所在学校、村（居）民委员会、未成年人保护组织的代表以及专业社会工作者等到场。

9. 监护人的监护侵害行为构成违反治安管理行为的，公安机关应当依法给予治安管理处罚，但情节特别轻微不予治安管理处罚的，应当给予批评教育并通报当地村（居）民委员会；构成犯罪的，依法追究刑事责任。

10. 对于疑似患有精神障碍的监护人，已实施危害未成年人安全的行为或者有危害未成年人安全危险的，其近亲属、所在单位、当地公安机关应当立即采取措施予以制止，并将其送往医疗机构进行精神障碍诊断。

11. 公安机关在出警过程中，发现未成年人身体受到严重伤害、面临严重人身安全威胁或者处于无人照料等危险状态的，应当将其带离实施监护侵害行为的监护人，就近护送至其他监护人、亲属、村（居）民委员会或者未成年人救助保护机构，并办理书面交接手续。未成年人有表达能力的，应当就护送地点征求未成年人意见。

负责接收未成年人的单位和人员（以下简称临时照料人）应当对未成年人予以临时紧急庇护和短期生活照料，保护未成年人的人身安全，不得侵害未成年人合法权益。

公安机关应当书面告知临时照料人有权依法向人民法院申请人身安全保护裁定和撤销监护人资格。

12. 对身体受到严重伤害需要医疗的未成年人，公安机关应当先行送医救治，同时通知其他有监护资格的亲属照料，或者通知当地未成年人救助保护机构开展后续救助工作。

监护人应当依法承担医疗救治费用。其他亲属和未成年人救助保护机构等垫付医疗救治费用的，有权向监护人追偿。

13. 公安机关将受监护侵害的未成年人护送至未成年人救助保护机构的，应当在五个工作日内提供案件侦办查处情况说明。

14. 监护侵害行为可能构成虐待罪的，公安机关应当告知未成年人及其近亲属有权告诉或者代为告诉，并通报所在地同级人民检察院。

未成年人及其近亲属没有告诉的，由人民检察院起诉。

三、临时安置和人身安全保护裁定

15. 未成年人救助保护机构应当接收公安机关护送来的受监护侵害的未成年人，履行临时监护责任。

未成年人救助保护机构履行临时监护责任一般不超过一年。

16. 未成年人救助保护机构可以采取家庭寄养、自愿助养、机构代养或者委托政府指定的寄宿学校安置等方式，对未成年人进行临时照料，并为未成年人提供心理疏导、情感抚慰等服务。

未成年人因临时监护需要转学、异地入学接受义务教育的，教育行政部门应当予以保障。

17. 未成年人的其他监护人、近亲属要求照料未成年人的，经公安机关或者村（居）民委员会确认其身份后，未成年人救助保护机构可以将未成年人交由其照料，终止临时监护。

关系密切的其他亲属、朋友要求照料未成年人的，经未成年人父、母所在单位或者村（居）民委员会同意，未成年人救助保护机构可以将未成年人交由其照料，终止临时监护。

未成年人救助保护机构将未成年人送交亲友临时照料的，应当办理书面交接手续，并书面告知临时照料人有权依法向人民法院申请人身安全保护裁定和撤销监护人资格。

18. 未成年人救助保护机构可以组织社会工作服务机构等社会力量，对监护人开展监护指导、心理疏导等教育辅导工作，并对未成年人的家庭基本情况、监护情况、监护人悔过情况、未成年人身心健康状况以及未成年人意愿等进行调查评估。监护人接受教育辅导及后续表现情况应当作为调查评估报告的重要内容。

有关单位和个人应当配合调查评估工作的开展。

19. 未成年人救助保护机构应当与公安机关、村（居）民委员会、学校以及未成年人亲属等进行会商，根据案件侦办查处情况说明、调查评估报告和监护人接受教育辅导等情况，并征求有表达能力的未成年人意见，形成会商结论。

经会商认为本意见第 11 条第 1 款规定的危险状态已消除，监护人能够正确履行监护职责的，未成年人救助保护机构应当及时通知监护人领回未成年人。监护人应当在三日内领回未成年人并办理书面交接手续。会商形成结论前，未成年人救助保护机构不得将未成年人交由监护人领回。

经会商认为监护侵害行为属于本意见第 35 条规定情形的，未成年人救助保护机构应当向人民法院申请撤销监护人资格。

20. 未成年人救助保护机构通知监护人领回未成年人的，应当将相关情况通报未成年人所在学校、辖区公安派出所、村（居）民委员会，并告知其对通报内容负有保密义务。

21. 监护人领回未成年人的，未成年人救助保护机构应当指导村（居）民委员会对监护人的监护情况进行随访，开展教育辅导工作。

未成年人救助保护机构也可以组织社会工作服务机构等社会力量，开展前款工作。

22. 未成年人救助保护机构或者其他临时照料人可以根据需要，在诉讼前向未成年人住所地、监护人住所地或者侵害行为地人民法院申请人身安全保护裁定。

未成年人救助保护机构或者其他临时照料人也可以在诉讼中向人民法院申请人身安全保护裁定。

23. 人民法院接受人身安全保护裁定申请后，应当按照民事诉讼法第一百条、第一百零一条、第一百零二条的规定作出裁定。经审查认为存在侵害未成年人人身安全危险的，应当作出人身安全保护裁定。

人民法院接受诉讼前人身安全保护裁定申请后，应当在四十八小时内作出裁定。接受诉讼中人身安全保护裁定申请，情况紧急的，也应当在四十八小时内作出裁定。人身安全保护裁定应当立即执行。

24. 人身安全保护裁定可以包括下列内容中的一项或者多项：

（一）禁止被申请人暴力伤害、威胁未成年人及其临时照料人。

（二）禁止被申请人跟踪、骚扰、接触未成年人及其临时照料人。

（三）责令被申请人迁出未成年人住所。

（四）保护未成年人及其临时照料人人身安全的其他措施。

25. 被申请人拒不履行人身安全保护裁定，危及未成年人及其临时照料人人身安全或者扰乱未成年人救助保护机构工作秩序的，未成年人、未成年人救助保护机构或者其他临时照料人有权向公安机关报告，由公安机关依法处理。

被申请人有其他拒不履行人身安全保护裁定行为的，未成年人、未成年人救助保护机构或者其他临时照料人有权向人民法院报告，人民法院根据民事诉讼法第一百一十一条、第一百一十五条、第一百一十六条的规定，视情节轻重处以罚款、拘留；构成犯罪的，依法追究刑事责任。

26. 当事人对人身安全保护裁定不服的，可以申请复议一次。复议期间不停止裁定的执行。

四、申请撤销监护人资格诉讼

27. 下列单位和人员（以下简称有关单位和人员）有权向人民法院申请撤销监护人资格：

（一）未成年人的其他监护人，祖父母、外祖父母、兄、姐，关系密切的其他亲属、朋友。

（二）未成年人住所地的村（居）民委员会，未成年人父、母所在单位。

（三）民政部门及其设立的未成年人救助保护机构。

（四）共青团、妇联、关工委、学校等团体和单位。

申请撤销监护人资格，一般由前款中负责临时照料未成年人的单位和人员提出，也可以由前款中其他单位和人员提出。

28. 有关单位和人员向人民法院申请撤销监护人资格的，应当提交相关证据。

有包含未成年人基本情况、监护存在问题、监护人悔过情况、监护人接受教育辅导情况、未成年人身心健康状况以及未成年人意愿等内容的调查评估报告的，应当一并提交。

29. 有关单位和人员向公安机关、人民检察院申请出具相关案件证明材料的，公安机关、人民检察院应当提供证明案件事实的基本材料或者书面说明。

30. 监护人因监护侵害行为被提起公诉的案件，人民检察院应当书面告知未成年人及其临时照料人有权依法申请撤销监护人资格。

对于监护侵害行为符合本意见第35条规定情形而相关单位和人员没有提起诉讼的，人民检察院应当书面建议当地民政部门或者未成年人救助保护机构向人民法院申请撤销监护人资格。

31. 申请撤销监护人资格案件，由未成人住所地、监护人住所地或者侵害行为地基层人民法院管辖。

人民法院受理撤销监护人资格案件，不收取诉讼费用。

五、撤销监护人资格案件审理和判后安置

32. 人民法院审理撤销监护人资格案件，比照民事诉讼法规定的特别程序进行，在一个月内审理结案。有特殊情况需要延长的，由本院院长批准。

33. 人民法院应当全面审查调查评估报告等证据材料，听取被申请人、有表达能力的未成年人以及村（居）民委员会、学校、邻居等的意见。

34. 人民法院根据案件需要可以聘请适当的社会人士对未成年人进行社会观护，并可以引入心理疏导和测评机制，组织专业社会工作者、儿童心理问题专家等专业人员参与诉讼，为未成年人和被申请人提供心理辅导和测评服务。

35. 被申请人有下列情形之一的，人民法院可以判决撤销其监护人资格：

（一）性侵害、出卖、遗弃、虐待、暴力伤害未成年人，严重损害未成年人身心健康的。

（二）将未成年人置于无人监管和照看的状态，导致未成年人面临死亡或者严重伤害危险，经教育不改的。

（三）拒不履行监护职责长达六个月以上，导致未成年人流离失所或者生活无着的。

（四）有吸毒、赌博、长期酗酒等恶习无法正确履行监护职责或者因服刑等原因无法履行监护职责，且拒绝将监护职责部分或者全部委托给他人，致使未成年人处于困境或者危险状态的。

（五）胁迫、诱骗、利用未成年人乞讨，经公安机关和未成年人救助保护机构等部门三次以上批评教育拒不改正，严重影响未成年人正常生活和学习的。

（六）教唆、利用未成年人实施违法犯罪行为，情节恶劣的。

（七）有其他严重侵害未成年人合法权益行为的。

36. 判决撤销监护人资格，未成年人有其他监护人的，应当由其他监护人承担监护职责。其他监护人应当采取措施避免未成年人继续受到侵害。

没有其他监护人的，人民法院根据最有利于未成年人的原则，在民法通则第十六条第二款、第四款规定的人员和单位中指定监护人。指定个人担任监护人的，应当综合考虑其意愿、品行、身体状况、经济条件、与未成年人的生活情感联系以及有表达能力的未成年人的意愿等。

没有合适人员和其他单位担任监护人的，人民法院应当指定民政部门担任监护人，由其所属儿童福利机构收留抚养。

37. 判决不撤销监护人资格的，人民法院可以根据需要走访未成年人及其家庭，也可以向当地民政部门、辖区公安派出所、村（居）民委员会、共青团、妇联、未成年人所在学校、监护人所在单位等发出司法建议，加强对未成年人的保护和对监护人的监督指导。

38. 被撤销监护人资格的侵害人，自监护人资格被撤销之日起三个月至一年内，可以书面向人民法院申请恢复监护人资格，并应当提交相关证据。

人民法院应当将前款内容书面告知侵害人和其他监护人、指定监护人。

39. 人民法院审理申请恢复监护人资格案件，按照变更监护关系的案件审理程序进行。

人民法院应当征求未成年人现任监护人和有表达能力的未成年人的意见，并可以委托申请人住所地的未成年人救助保护机构或者其他未成年人保护组织，对申请人监护意愿、悔改表现、监护能力、身心状况、工作生活情况等进行调查，形成调查评估报告。

申请人正在服刑或者接受社区矫正的，人民法院应当征求刑罚执行机关或者社区矫正机构的意见。

40. 人民法院经审理认为申请人确有悔改表现并且适宜担任监护人的，可以判决恢复其监护人资格，原指定监护人的监护人资格终止。

申请人具有下列情形之一的，一般不得判决恢复其监护人资格：

（一）性侵害、出卖未成年人的。

（二）虐待、遗弃未成年人六个月以上、多次遗弃未成年人，并且造成重伤以上严重后果的。

（三）因监护侵害行为被判处五年有期徒刑以上刑罚的。

41. 撤销监护人资格诉讼终结后六个月内，未成年人及其现任监护人可以向人民法院申请人身安全保护裁定。

42. 被撤销监护人资格的父、母应当继续负担未成年人的抚养费用和因监护侵害行为产生的各项费用。相关单位和人员起诉的，人民法院应予支持。

43. 民政部门应当根据有关规定，将符合条件的受监护侵害的未成年人纳入社会救助和相关保障范围。

44. 民政部门担任监护人的，承担抚养职责的儿童福利机构可以送养未成年人。

送养未成年人应当在人民法院作出撤销监护人资格判决一年后进行。侵害人有本意见第 40 条第 2 款规定情形的，不受一年后送养的限制。